WAS IST WAS BAND 10
FLUGZEUGE
Der Traum vom Fliegen

WAS IST WAS BAND 9
HUNDE
Helden auf vier Pfoten

WAS IST WAS BAND 15
DINOSAURIER
Im Reich der Riesenechsen

WAS IST WAS BAND 16
PLANETEN UND RAUMFAHRT
Expedition ins All

WAS IST WAS BAND 37
PFERDE
Von frechen Fohlen und wilden Mustangs

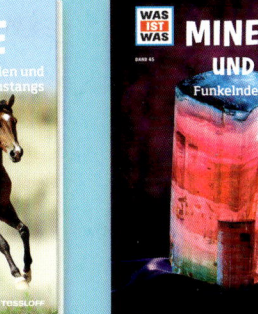

WAS IST WAS BAND 63
MINERALIEN UND GESTEINE
Funkelnde Schätze

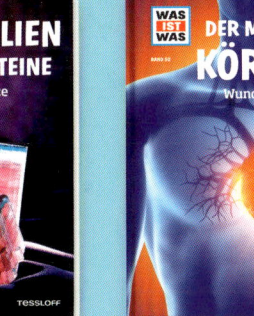

WAS IST WAS BAND 59
DER MENSCHLICHE KÖRPER
Wunderwerk der Natur

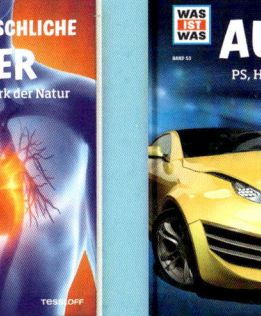

WAS IST WAS BAND 62
AUTOS
PS, Hybrid und Turbostars

WAS IST WAS BAND 70
DAS ALTE ÄGYPTEN
Goldenes Reich am Nil

WAS IST WAS BAND 71
PIRATEN
Schrecken der Meere

WAS IST WAS BAND 73
SPINNEN
Jäger am seidenen Faden

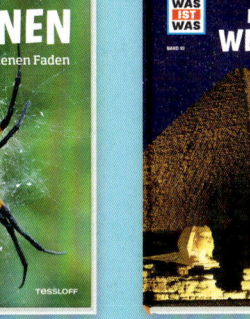

WAS IST WAS BAND 80
DIE SIEBEN WELTWUNDER
Schätze der Antike

WAS IST WAS BAND 106
RELIGIONEN
Woran wir glauben

WAS IST WAS BAND 108
BURGEN
Zeugen des Mittelalters

WAS IST WAS BAND 110
EUROPA
Menschen, Länder und Kultur

WAS IST WAS BAND 114
FEUERWEHR
Retter im Einsatz

WAS IST WAS BAND 122
MODE
Was uns anzieht

WAS IST WAS BAND 123
GEHEIMNIS TIEFSEE
Leben in ewiger Finsternis

Die Reihe wird fortgesetzt.

WAS
IST
WAS

Karin Finan

PIRATEN

Schrecken der Meere

TESSLOFF

Hier siehst du,
wo du bist!

Wo ist was?

Geh mit den Piraten der Karibik auf Schatzsuche!

Seite
24

Wie ging es wohl in einem richtigen Piratennest zu?

Seite
20

Entdecke die »Golden Hind«, das Flaggschiff des Freibeuters und Weltumseglers Francis Drake!

Kopftuch, Gehstock, Papagei: Wie kleideten sich Piraten? Was hatten sie bei sich und welche Waffen waren besonders beliebt?

Seite
28

Totenschädel und Skelett: Viele Piraten hatten eigene Motive auf ihren Flaggen.

Seite

37

Die mit ▶ markierten Seiten könnten dich besonders interessieren!

Einige Piratenschiffe warten tief unten auf dem Meeresgrund noch auf ihre Entdeckung.

Seite

46

Seite

37

Wie entert man eigentlich ein Schiff? Vom Anpirschen bis zur Beutefeier – in nur vier Schritten zum Erfolg!

Hier findest du die wichtigsten Begriffe kurz erklärt.

Ein Rumfass zur Hölle

Der Sklavenhandel blühte an der Küste von Westafrika. Oft wurden versklavte Menschen verschifft – und von Piraten erbeutet!

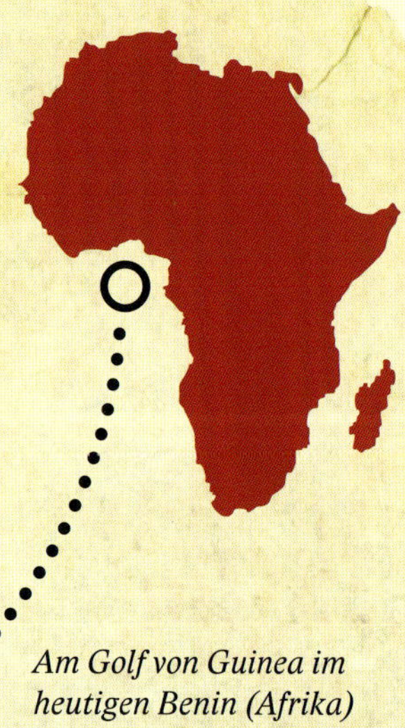

Am Abend des 1. April 1719 erreicht die »Bird Galley« die Westküste Afrikas und geht vor Anker. Zeit zum Essen und Schlafen. Nicht weit entfernt liegt ein anderes Schiff. Kurz nach Einbruch der Nacht meldet der wachhabende Offizier die Geräusche von Rudern. Wer macht sich da an die »Bird Galley« heran? Noch bevor William Snelgrave, der Kapitän des Schiffes, seine Männer bewaffnen lassen kann, klettern dunkle Gestalten rasch und leise an den Bordwänden empor. Als sie über die Reling steigen, heulen die Seeräuber wie Höllenhunde. Sie schießen und schlagen mit Entermessern um sich. An Deck brüllt der Anführer des Entertrupps: »Wer ist hier der Kapitän!?« Kapitän Snelgrave antwortet: »Bis jetzt war ich es.« Daraufhin setzt der Pirat Snelgrave die Pistole auf die Brust, die der Kapitän aber im letzten Moment wegschlagen kann. Da schlägt ihn der Pirat mit dem Pistolengriff auf den Kopf. Benommen rettet sich der Kapitän auf das hintere Deck, wo er nur um Zentimeter dem Säbelhieb eines anderen Piraten entkommt. Nur weil seine Crew sich nicht über ihn beklagt, findet der Kapitän vor den Piraten Gnade.

Am Golf von Guinea im heutigen Benin (Afrika) lag das portugiesische Fort Ouidah. Es war Zentrum des Sklavenhandels. Die Europäer klagten über Hitze, Malaria und Langeweile. Doch für Piraten gab es Aussicht auf reiche Beute!

In den Fängen der Piraten

Die »Bird Galley« und ihre Crew ist drei gefürchteten Piratenkapitänen in die Hände gefallen: Thomas Cocklyn, Howell Davis und Oliver La Buze, der »Bussard«. Sie führen eine kleine Piratenflotte an, die die westafrikanischen Gewässer unsicher macht. Erst nachdem der Entertrupp seine blutige Arbeit getan hat, gehen die Piratenkapitäne selbst an Bord. Cocklyn befiehlt als Erstes: »Alles Geflügel schlachten und kochen!« Ein großer Schinken und ein ganzes Schwein verfeinern die Kraftbrühe. Am nächsten Morgen laufen zehn Männer von Snelgrave zu den Piraten über. Kapitän Snelgrave muss mit ansehen, wie die Piraten Rotweinfässer an Deck bringen, sich betrinken und eimerweise mit Rotwein überschütten. Ein betrunkener Pirat kickt Snelgraves goldene Taschenuhr mit den gehässigen Worten »Schöner Ball!« übers Deck.

Hart, aber herzlich

Einige Piraten aber haben Mitleid, geben dem Gefangenen Schiffszwieback, Schinken und Branntwein und trösten ihn. Nach einem langen Monat, in dem Snelgrave die Launen der Piraten ertragen muss, kommt schließlich ein Piratenrat zusammen. Der Rat beschließt, den Kapitän samt Crew freizulassen, denn er gilt als »anständiger Kerl«. Die Piraten sind nun so freundlich und großzügig zu ihm, wie sie vorher brutal und gemein waren. Als Entschädigung soll Snelgrave sogar ein anderes Schiff bekommen und dazu noch Waren aus früheren Raubzügen. Die Piraten helfen sogar beim Verladen und geben ein Abschiedsfest. Bei dem fliegen beinahe Tonnen von Schießpulver in die Luft, als eine Kerze ein Rumfass in Brand setzt ... ein rauschendes Fest!

Kapitän Snelgrave darf kurz darauf nach England heimkehren, wo er seine Abenteuer in einem Buch aufzeichnet. Nur deswegen können wir heute über diesen Piratenüberfall berichten. Ein seltenes Glück! Denn solche Berichte gibt es nicht oft.

Beim Kapern kam es auf die Schnelligkeit und die Überzahl der Angreifer an. Die Piraten waren geschickt wie Akrobaten und bis an die Zähne bewaffnet. Alt wurden die wenigsten von ihnen.

Piraten auf allen
Weltmeeren

... und in allen
Epochen der Geschichte!

Blackbeard

Er blockierte 1718 Charleston, die Hauptstadt South Carolinas, um Medikamente und Lösegeld zu erpressen.

NORDAMERIKA

KARIBIK

Barbaresken-Piraten

Mit ihren schnellen Galeeren machten sie Jagd auf christliche Handelsschiffe und Sklaven.

PAZIFISCHER
OZEAN

Die Piratenrunde

Als sie im 18. Jahrhundert in der Karibik schärfer verfolgt wurden, begaben sich die Seeräuber auf Rundfahrt. Ihre 40 000 Kilometer lange Reise führte sie von Nordamerika über Westafrika nach Asien. Vom Piratenparadies Madagaskar aus machte man im Indischen Ozean Beute.

SÜDAMERIKA

François
L'Olonnais

Geboren als Jean-David Nau in Frankreich. Er plünderte 1616 mit 700 Piraten zwei Wochen lang Maracaibo und folterte die Bewohner.

ATLANTISCHER
OZEAN

Die Likedeeler

Die Kaperfahrer des späten Mittelalters waren der Schrecken der Hansekaufleute in Nord- und Ostsee.

Kilikische Piraten

Piratenplage der Antike: Sie versteckten sich an der kilikischen Küste und versenkten Kriegsschiffe vor Rom.

ASIEN

Somalische Piraten

Moderne Piraten, oft verarmte Fischer, die im Auftrag von Kriegsherren Lösegelder erpressen.

EUROPA

PAZIFISCHER OZEAN

MITTELMEER

Madame Zheng

Die Witwe des Piratenführers Zheng I besiegte 1808 die Truppen des Kaisers von China.

Straße von Malakka

AFRIKA

INDISCHER OZEAN

AUSTRALIEN

MADAGASKAR

Kap der Guten Hoffnung

Captain Kidd

Er begann als Piratenjäger im Indischen Ozean und endete 1701 als Pirat am Galgen.

Seeräuber des Altertums

Schwer einnehmbar: Ein Kastell an einer Felsküste war ein sicherer Rückzugsort.

Seit Schiffe Menschen und Handelswaren befördern, gibt es Piraten, die sie überfallen und ausrauben. Die ältesten Berichte über Piraterie im Mittelmeer sind rund 3 300 Jahre alt. Noch frühere Überlieferungen wissen von Piraten an den Küsten des Persischen Golfs und Südchinas. Eine chinesische Redensart von 3 000 vor Christus sagt: »Der beste Trog, sich zu mästen, ist ein Schiff auf Raubfahrt.« Schon damals wusste man also: »Seeraub bringt fette Beute.«

Das östliche Mittelmeer: Zentrum der Seeräuber

Griechische und phönizische Handelsschiffe, die Kostbarkeiten wie Gold, Purpur, Wein und Weihrauch geladen hatten, waren beliebte Ziele von Seeräubern. Eine ebenso begehrte Beute waren Menschen, die als Sklaven verkauft oder gegen Lösegeld freigelassen wurden. Aber wie machte man sich am geschicktesten an die Beute heran? Da gab es zwei Möglichkeiten:

1 Die Handelsschiffe der Antike fuhren bevorzugt an den Küsten entlang von Hafenstadt zu Hafenstadt. In Buchten lauerten die Räuber daher auf Frachtschiffe. Für einen Überfall auf See nutzten sie schnelle Boote oder Schiffe mit bis zu 50 Ruderplätzen. Mit solchen Liburnen, den wendigen Segel-plus-Ruder-Schiffen, konnten sie die schwer beladenen Frachtschiffe leicht einholen und entern.

2 Wozu warten, bis ein Schiff aufkreuzt, wenn man selbst eines hat und damit fremde Küsten überfallen kann? Auch diese Form der Piraterie war im Altertum weit verbreitet.

Pompeius gegen die Piraten

Im 1. Jahrhundert vor Christus war die Römische Republik mächtig. Gegen die kilikischen Piraten jedoch war sie wehrlos. Tausende Seeräuber trieben sich auf dem Meer herum: arbeitslose Söldner und Abenteurer, sogar junge Adlige. Kilikien, an der südlichen Mittelmeerküste der heutigen

Der griechische Gott Dionysos vertreibt die Piraten und verwandelt sie in Delfine.

➡ **Schon gewusst?**

Der junge Julius Cäsar wurde 77 vor Christus auf einer Reise nach Rhodos von kilikischen Piraten entführt. Sie hielten ihn fast 40 Tage lang gefangen, bis das Lösegeld bezahlt war. Danach nahm Cäsar Rache. Er stellte ein paar Schiffe zusammen, jagte die Piraten und ließ sie töten. Nach römischen Gesetzen hätte er das eigentlich nicht tun dürfen, aber die Piratenplage ärgerte ohnehin alle Römer.

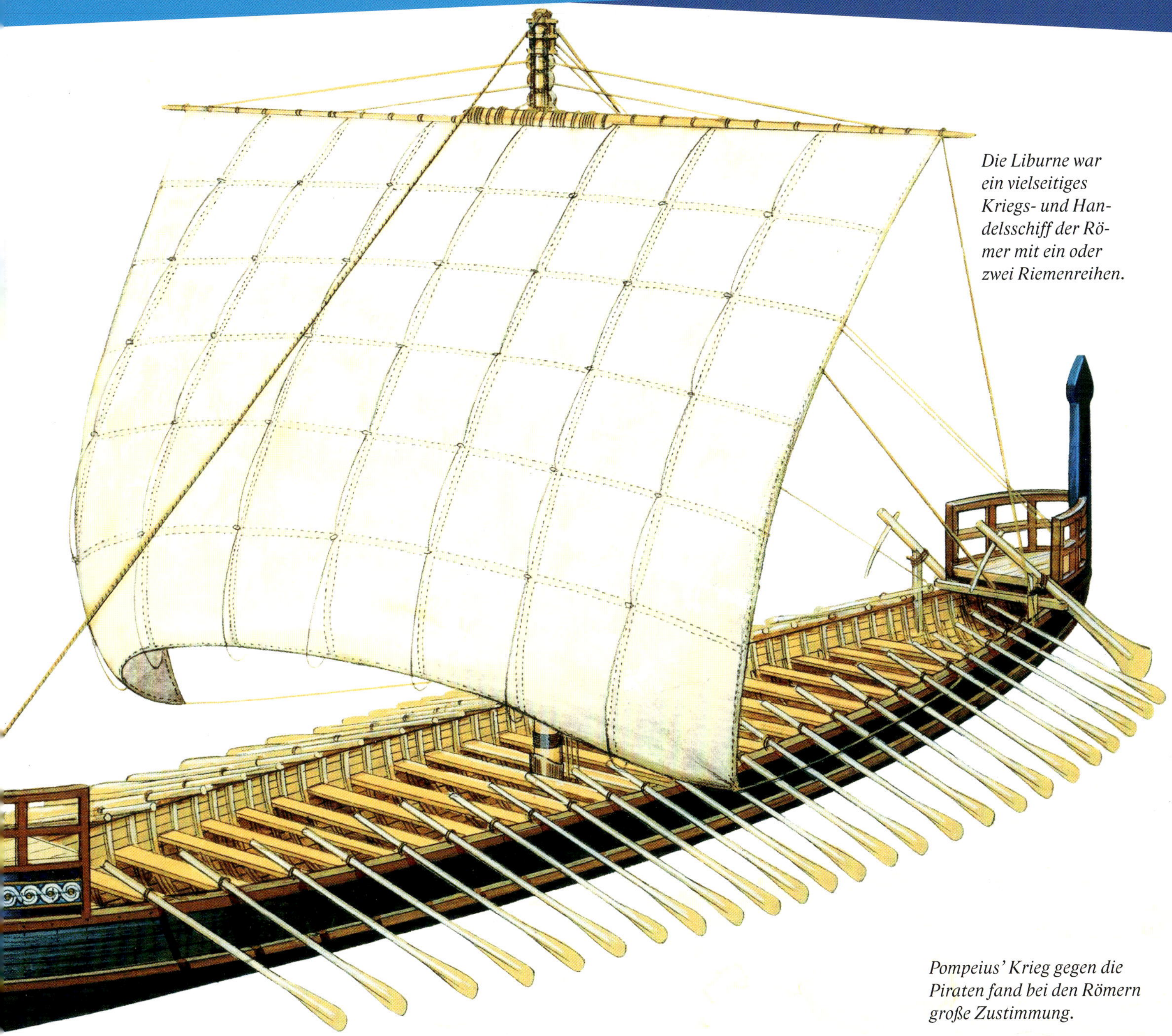

Die Liburne war ein vielseitiges Kriegs- und Handelsschiff der Römer mit ein oder zwei Riemenreihen.

Pompeius' Krieg gegen die Piraten fand bei den Römern große Zustimmung.

597
POMPEJUS MAGNUS
d. 48 f. Kr.

Türkei gelegen, war »Piratenland«. Hier fanden sich ideale Verstecke und sichere Fluchtwege, denn auch die Landseite des Taurusgebirges war unwegsam. Als Piraten im Jahre 68 vor Christus den Getreidenachschub nach Rom abschnitten, ermächtigte der Senat den ruhmreichen Feldherrn Gnaeus Pompeius zu einem umfassenden Schlag gegen die Piraten im Mittelmeer. Pompeius ging klug vor: Er sprach zuerst mit einzelnen Bandenführern, um sie als Verbündete zu gewinnen. Dann bereitete er einen Krieg vor, der die ganze Schlagkraft Roms bündelte: 500 Schiffe, über 100 000 Fußsoldaten und 5 000 Reiter sollten die Piraten niederringen. Im Frühling des Jahres 66 vor Christus war es so weit. Alle Kommandanten griffen im ganzen Mittelmeer gleichzeitig an. Den überraschten Piraten blieb kein Ausweg. In die Enge getrieben, mussten sie sich nach 88 Tagen geschlagen geben. Pompeius ließ Milde walten. Statt gefangene Seeräuber hinrichten zu lassen oder sie den Löwen in der Arena vorzuwerfen, siedelte er sie in Kleinasien als Fischer und Bauern an – in Pompeiopolis!

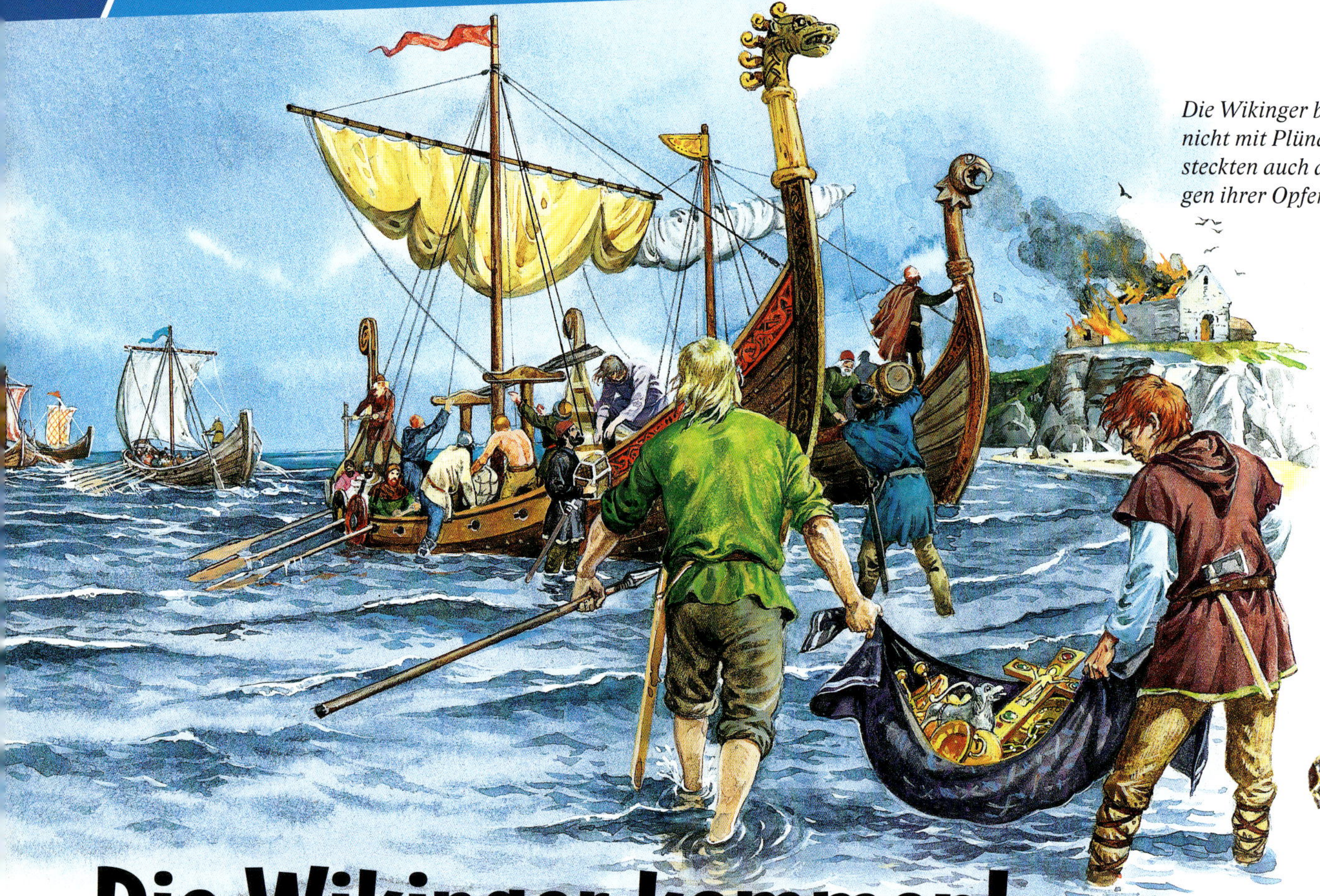

Die Wikinger begnügten sich nicht mit Plünderungen. Sie steckten auch die Behausungen ihrer Opfer in Brand.

Die Wikinger kommen!

Von England bis Spanien, von Norddeutschland über Frankreich bis Italien und noch weiter reichten zwischen 800 und 1050 die Wikingerfahrten. Mit Feuer und Schwert verbreiteten die Nordmänner, die Normannen, Furcht und Schrecken auf dem christlich-römisch geprägten Kontinent.

Horden aus dem Norden

Die Geschichte der Wikingerraubzüge begann mit dem Überfall auf das Kloster Lindisfarne im Nordosten Englands am 8. Juni 793. Die Heiden aus Skandinavien kreuzten mit ihren außergewöhnlichen Schiffen blitzschnell vor der englischen Insel auf. Die Mönche ahnten nicht, was ihnen drohte. Sie versteckten sich nicht. Erst als die Wikinger mit Gebrüll einfielen, alle niedermetzelten, das Kloster in Brand steckten und den Klosterschatz raubten,

wurde klar, mit wem man es zu tun hatte. Von da an rissen die wikingischen Raubzüge in England nicht mehr ab. Etwas nach Wikingerart zu tun, hieß, möglichst viel Furcht und Schrecken zu verbreiten.

Waren die Wikinger Piraten?

Die Wikinger führten keine Seeschlachten, sondern fielen auf dem Wasserweg in fremde Länder ein. Die Taktik der Wikinger war einfach, aber lange Zeit war ihr niemand gewachsen: Mit ihren schnellen, wendigen Langbooten machten sie an beiden Ufern einer Flussmündung fest. Von hier aus fielen die Heere ins Landesinnere ein, während Wachtrupps bei den Schiffen blieben. Die Wikinger überraschten die Einwohner, meist wehrlose Mönche, Bauern und Händler. Hatten sie reichlich Beute gemacht, verschwanden sie so schnell, wie sie gekommen waren.

Auch Schwerter aus biegsamem Stahl kannten die Wikinger schon.

Ein Spangenhelm mit Nasenschutz wog rund 2,5 Kilogramm.

Ruinen des Klosters Lindisfarne. Der Überfall im Jahr 793 gilt als Beginn der Wikingerzeit.

Prächtig verzierter Drachenkopf: Die hohe Kunst, Menschen zu erschrecken.

»Die Dänen leben im Meer«

Das gilt wohl auch für Norweger und Schweden. Die Schiffe der Wikinger waren der Schlüssel zu ihrer Herrschaft. Die Drachenboote (Drakkar) waren bis zu 36 Meter lang und wurden von 32 Ruderern auf jeder Seite fortbewegt – oder vom Wind, der das 10 mal 12 Meter große Segel blähte. Diese Kriegsschiffe waren erstaunlich schnell. Ihre Herren ließen nichts aus, um Eindruck zu schinden. Der Drachenkopf am Vordersteven sollte die Schutzgeister aus dem überfallenen Land vertreiben. Kam der Drakkar in friedlicher Absicht, dann nahmen die Wikinger den Drachenkopf ab.

Ihre Holzschilde hängten sie außen an die Bordwand, um Mannstärke zu zeigen.

Das Ende der Raubfahrten

Zu Beginn hatten die Wikinger leichtes Spiel. Kirchen und Handelsplätze waren kaum befestigt, die Bewohner unbewaffnet. Das änderte sich im Lauf der Jahrhunderte. Immer mehr Schutzwälle, Stadtmauern und kampfbereite Truppen erwarteten die Nordmänner.
Der arg geplagte französische König bot dem Wikingerfürsten Rollo schließlich ein Siedlungsgebiet im Norden Frankreichs an, wenn er und seine Gefolgschaft zum Christentum übertraten und Frieden schlossen. Rollo willigte ein und seither heißt diese französische Provinz Normandie.

An der englischen und irischen Küste errichtete man Wachtürme, um Wikingerschiffe früh zu erkennen.

Die Zweihandaxt war gut 80 Zentimeter lang. Eine gefürchtete Waffe der Normannen.

166 000 Münzen aus aller Herren Länder wurden bisher in Skandinavien gefunden.

Eine Wikingerlegende

Jarl Rögnvald segelte einst im Mittelmeer. Dort lag sein Drachenboot eines Morgens einer byzantinischen Dromone gegenüber. Die Dromone (Läufer) war ein mächtiges Kriegsschiff mit 300 Mann Besatzung. Ihre Bordwände ragten so hoch auf, dass die Wikinger mit ihren Waffen nicht hinaufreichen konnten. Die Gegner wehrten sich, indem sie heißes Pech hinabschütteten. Da befahl Jarl Rögnvald seinen Männern, mit ihren Streitäxten ein Loch in die Bordwand der Dromone zu hacken. Als das Loch ausreichend groß war, enterten die Wikinger das Schiff. Sie töteten alle byzantinischen Krieger mit Ausnahme des Anführers.

Kaperei im Mittelalter

Die Zeit der wilden Wikinger war lange vorbei, doch nach 1375 blühte die Seeräuberei in der Ostsee wieder auf. Denn auch im Mittelalter gab es noch kein internationales Seerecht, an das man sich halten musste. Es war dagegen üblich, dass jeder Fürst sein Landesrecht auch auf See durchzusetzen versuchte. Im Krieg erlaubte er Schiffen seines Landes, feindliche Schiffe zu kapern.

Knapp bei Kasse? Kaperbrief!

Oft waren es verarmte Adlige, die zu Kaperern wurden. Ihre Landgüter warfen nur noch magere Ernten ab. Also steckten sie ihre letzten Geldmittel in ein Kaperschiff. Ein Kaperbrief räumte dem Kaperer die Stellung eines Kriegers ein. Als Gegenleistung verpflichtete sich der Kaperkapitän, einen Teil der Beute, auch Prise genannt, an den Fürsten abzugeben, von dem er seinen Kaperbrief erhalten hatte. Von der

Kaperei war es nur ein kleiner Schritt zur Piraterie, wenn man nach einem Friedensschluss weiterräuberte. So wurden aus Krieg führenden Kaperern schnell verbrecherische Piraten.

Könige, Händler und Piraten

Im Mittelalter war die Seeräuberei eine Form des Seekriegs und eng mit den Wirren der Politik verbunden. Die politischen Rangeleien begannen nach dem 24. Oktober 1375, als König Waldemar IV. Atterdag, König von Dänemark, verstarb. Jede seiner Töchter wollte nun ihren eigenen Sohn als Nachfolger auf dem Thron sehen. Dieser Zwist war der Auslöser für einen langen Kaperkrieg. Auf der einen Seite standen Mecklenburger und Schweden, auf der anderen die Dänen und der Städte- und Kaufmannsbund der Hanse. Schiffseigner, Verstoßene und verarmte Raubritter erhielten von den mecklenburgi-

Auch dieser Brief von William Kidd aus dem Jahr 1701 stammt nicht aus dem Mittelalter. Mittelalterliche Stehlbriefe sind leider nicht erhalten.

An Felsenküsten konnten Strandräuber nachts leicht Schiffe ins Verderben locken.

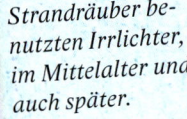

Strandräuber benutzten Irrlichter, im Mittelalter und auch später.

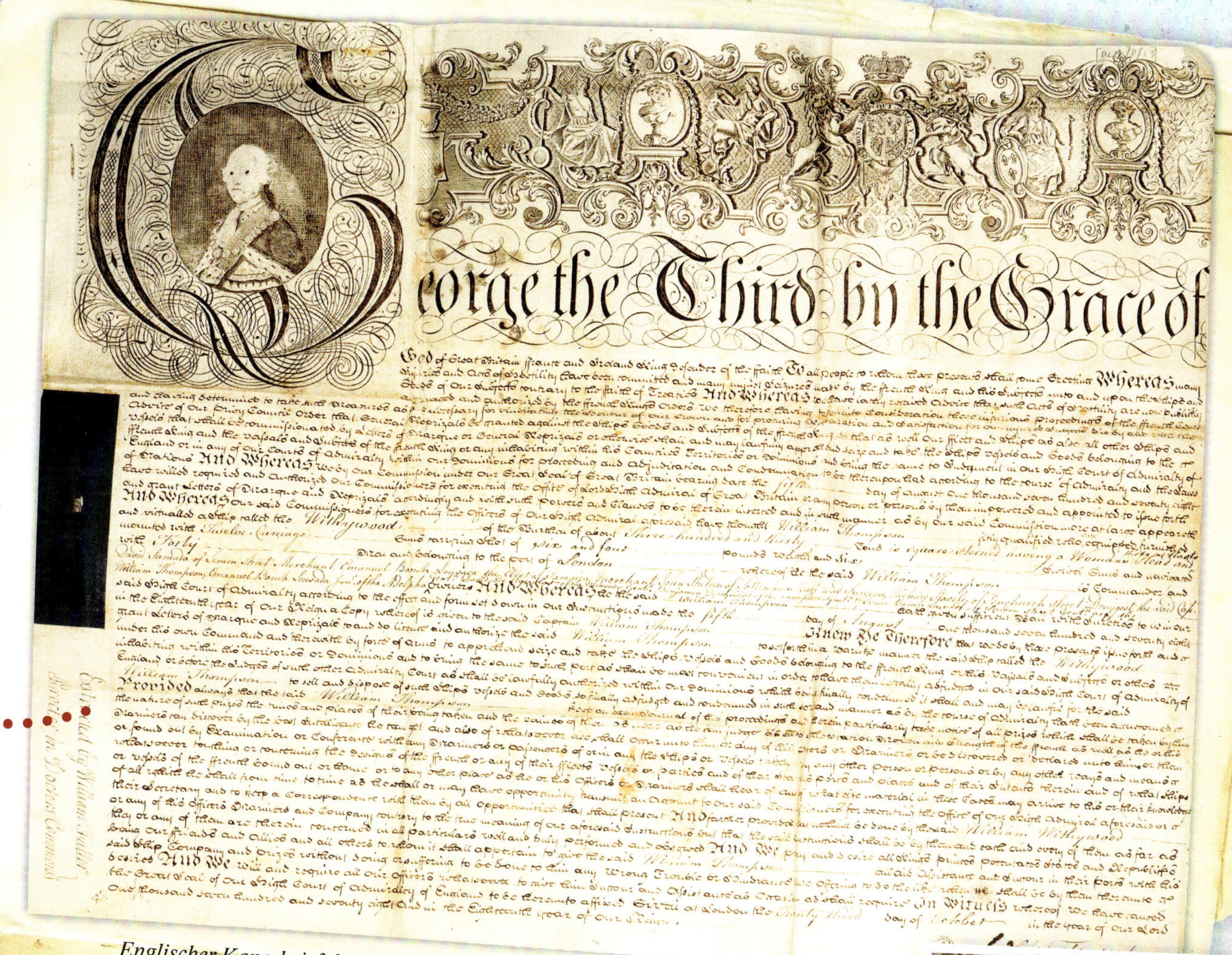

Englischer Kaperbrief des Königs Georg III. für den Kaperer William Kidd

schen Fürsten Kaperbriefe, die ihnen erlaubten, gegnerische Schiffe zu plündern. Aber konnten sich die Herrscher auf diese Männer verlassen? Sie bekamen ja keinen Sold, sondern lebten nur von ihrer Beute. Bald mussten die hohen Herren feststellen, dass sie die Seeräuber tatsächlich nicht im Griff hatten wie Marinesoldaten. Die Piraterie lief immer mehr aus dem Ruder. Je mehr Koggen (die Schiffe der Hanse) Pelze, Bier, Salz und Heringe über die Ostsee transportierten, desto mehr wurden von den Piraten geentert. Um ihre Frachtschiffe zu schützen, rüstete die Hansestadt Lübeck Kriegsschiffe aus. Diese Fredekoggen (Friedenskoggen) begleiteten die Handelsschiffe zum Schutz vor Überfällen.

Sammeln oder rauben?

Arme Fischer und Kleinbauern besserten ihr karges Brot mit dem Sammeln von Strandgut auf. Der alte Brauch des Strandrechts erlaubte ihnen, an Land gespültes, herrenloses Gut zu behalten. Manche Küstenbewohner waren aber skrupellos. Sie lockten Schiffe mit Fackeln und Laternen auf Riffe und Sandbänke, damit sie Schiffbruch erlitten. Die Herrenlosigkeit war der Knackpunkt des Strandrechts, denn die Räuber mussten die Fracht erst herrenlos machen. Sie erschlugen die Schiffbrüchigen und wurden so Eigentümer des »Strandguts«.

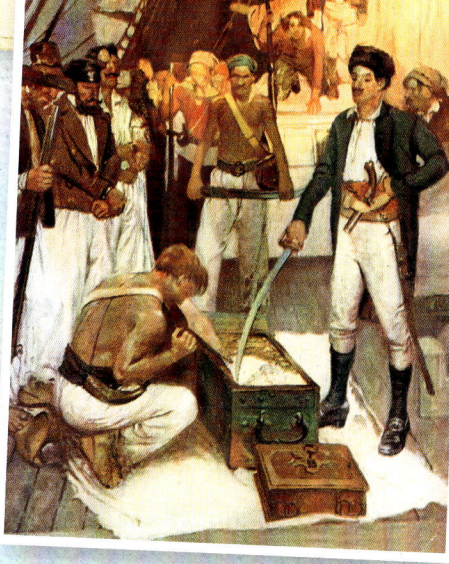

Das gerechte Teilen der Beute gehörte auch in späteren Jahrhunderten noch zu den guten Sitten unter gestandenen Piraten.

Störtebeker und die Vitalienbrüder

Als sich Königin Margarete von Norwegen und Dänemark mit König Albrecht von Schweden Ende des 14. Jahrhunderts um die schwedische Krone stritt, traten die Vitalienbrüder auf den Plan. Ihren Namen machten sie sich als Brecher der dänischen Blockade gegen Stockholm. Denn die Bruderschaft versorgte das belagerte Stockholm mit Lebensmitteln (Viktualien), unter anderem Malz und Getreide. Legendäres erzählte man sich über ihren Anführer: Klaus Störtebeker.

Störtebeker – eine Piratenlegende

Der berüchtigte Klaus Störtebeker soll ein Robin Hood der Ost- und Nordsee gewesen sein, der nach dem Motto handelte: »Den Reichen nehmen, den Armen geben.« Störtebeker soll vier Liter Bier in einem Zug aus einem riesigen Becher getrunken haben. Das hat ihm auch seinen Namen »Stürz den Becher« eingebracht: Störtebeker.

Um Klaus Störtebeker ranken sich fantastische Geschichten. Doch was davon ist wirklich wahr? Fest steht: Es gab einen Mann namens Nicolao Störtebeker und es gab einen Kaufmann und Kaperfahrer namens Johan Störtebeker – aber viel mehr gesichertes Wissen haben wir nicht. Der Rest ist wohl eine Legende, die

Das Störtebeker-Denkmal steht auf dem Grasbrook in Hamburgs Hafencity.

So mag ein Überfall der Likedeeler auf eine Hansekogge ausgesehen haben.

bei jeder mündlichen Überlieferung ein Stückchen mehr ausgeschmückt wurde. So entstand die Figur des Klaus Störtebeker, die es vielleicht gar nicht gegeben hat. Berühmt wurde auch die Legende von Störtebekers Enthauptung. Der Bürgermeister von Hamburg habe ihm versprochen, alle Männer zu verschonen, an denen er ohne Haupt noch vorbeilaufen konnte. Elf Männer soll er geschafft haben.

Die Vitalienbrüder: »Gottes Freunde und aller Welt Feinde«

Um 1394 machten rund 1 500 Vitalienbrüder die Ostsee unsicher. Sie trieben die reichen Kaufleute der Hanse an den Rand des Ruins. Die Heringe wurden fünfmal so teuer, das Getreide wurde knapp. Die Insel Gotland in der Ostsee wurde zum Piratennest der Vitalienbrüder – bis der Deutsche Orden, eine Bruderschaft von

Schon gewusst?

Das berühmteste Schiff der Hamburger Anti-Piraten-Flotte hieß »Bunte Kuh«. An Bord der »Bunten Kuh« soll der Legende nach der berüchtigte Pirat Klaus Störtebeker nach Hamburg gebracht worden sein.

---

frommen Rittern, im Jahr 1398 ganze 84 Schiffe mit insgesamt 5 000 Mann ausschickte. Dieser Übermacht ergaben sich die Seeräuber kampflos. Ein Teil von ihnen zog nach Ostfriesland um. Dort boten sie sich Adligen wieder als Kaperfahrer in der Nordsee an.

Wie kämpften die Vitalienbrüder?

Eine beladene Hansekogge war recht schwerfällig und langsam. Sie lag tief im Wasser. Fünf Männer genügten als Besatzung. Das war eine leichte Beute für Kaperschiffe mit 50 bis 100 Bewaffneten an Bord. Im Mittelalter gab es kaum Feuerwaffen, erst recht keine Kanonen. Armbrustschützen schossen von den Kastellen Pfeile ab. Man musste möglichst nahe an das Frachtschiff herankommen, um es mit Nahkampfwaffen wie Dolch, Beil und Schwert zu entern. War die feindliche Übernahme geschafft, so erlaubte der Kaperbrief den Verkauf der Waren in den Küstenstädten des jeweiligen Fürsten.

Von Helgoland auf den Grasbrook

Im Sommer 1400 heuerte Graf Albrecht von Holland die Vitalienbrüder an, um Hansekoggen zu überfallen. Die Piraten bezogen auf Helgoland ihren Stützpunkt, genau zwischen den Mündungen von Weser und Elbe, den Wasserstraßen von Bremen und Hamburg. Hier kamen besonders viele reich beladene Frachtschiffe vorbei. Eine Unverschämtheit! Die Hamburger fackelten nicht lange. Ihr Bürgermeister schickte Kampfschiffe nach Helgoland. 73 Vitalienbrüder wurden gefangen genommen, die übrigen getötet. Auf dem Hamburger Grasbrook köpfte der Henker die Gefangenen. Eine Chronik berichtet: »Ihre Köpfe setzten sie auf eine Wiese an der Elbe als Zeichen dafür, dass sie auf dem Meer geraubt hatten.«

Bei den Störtebeker-Festspielen auf der Insel Rügen wird die Legende um Klaus Störtebeker wieder lebendig.

Zur Abschreckung nagelte man die Köpfe der Piraten auf dem Grasbrook auf Pfähle.

Piraten des Orients

Es ging um Granada: Im Jahr 1492 eroberten die katholischen Spanier die Stadt von den islamischen Mauren zurück. Die Besiegten flohen daraufhin nach Nordafrika. Von dieser »Berberküste« aus, die heute zu Libyen, Algerien, Tunesien und Marokko gehört, führten die Barbaresken einen 300 Jahre währenden Piratenkrieg gegen christliche Seefahrer. Doch auch die Staaten des christlichen Europa spielten einander übel mit. Wurde ein holländisches Schiff überfallen, rieben sich die Spanier die Hände – und umgekehrt.

Gewinner der Zwietracht waren die Piraten, denen immer mehr Schätze und Menschen in die Hände fielen.

Schrecken des Mittelmeers

Die Barbaresken waren gefürchtete Menschenjäger. Schätzungsweise 850 000 Menschen, bevorzugt Christen, entführten sie zwischen 1580 und 1680. Sie überfielen sowohl Schiffe als auch Küsten. In einigen Küstengebieten in Italien und Spanien wurden die Bewohner sogar umgesiedelt, um sie vor den Räubern in Sicherheit zu bringen. Die Menschenjagd zahlte sich aus: Hochgestellte Beamte und Kirchenmänner brachten üppige Lösegelder ein. Weniger prominente Gefangene verkauften die Piraten meist auf dem Sklavenmarkt. Frauen, die sich auf eine Reise ins Mittelmeer trauten, mussten damit rechnen, in einem Harem zu verschwinden. 1624 richteten die Hansestädte Hamburg und Lübeck eigene Sklavenkassen ein. Mit dem Geld kauften sie Entführungsopfer frei.

Die Brüder Arudsch und Chaireddin Barbarossa brachten es zu Herrschern von Algier und Tunis und zum Admiralsrang. Die gefährlichsten Seeräuber!

Wer war Uluch Ali?

Christliche Sklaven konnten sich von den Ketten befreien, indem sie zum Islam übertraten. So tat es auch der Italiener Galeni. Er wurde mit 16 Jahren aus seinem Fischerdorf in Italien entführt und war jahrelang Galeerensklave. Nachdem er zum Islam übergetreten war, nahm er den Namen Uluch Ali (der Bekehrte) an. Er arbeitete sich im Dienst des Sultans von Istanbul bis zum Flottenkommandanten und Pascha von Algier hoch und starb als angesehener alter Mann.

Wird die Piratengaleere ihre Beute einholen? Die Ruderklaven legen sich kräftig ins Zeug.

Grausamkeit eines Seeräubers.

Mit Flugblättern, die Gräueltaten der Barbaresken ausmalten, hetzte man im christlichen Europa gegen die andersgläubigen Seeräuber auf.

Angeberwissen

▶ Die Galeeren hatten geringen Tiefgang und bekamen deshalb bei Wind und Wellen leicht Schlagseite. Darum kann man die Barbaresken als »Schönwetter-Piraten« bezeichnen.

▶ Im französischen Nantes gibt es heute noch Straßen mit Korsarennamen.

Schnell und wendig

Mit ihren leichten, schnellen Galeeren verfügten die Piraten des Mittelmeers über schlagkräftige Kampfschiffe. 100 bis 250 Galeerensklaven ruderten die rund 50 Meter langen Schiffe. Die mächtigen, schweren Riemen wogen 250 Kilogramm – zu viel für einen Sklaven. Solche Ruder verlangten mindestens fünf Männer. Die Galeeren waren nicht auf den Wind angewiesen. Die Piraten konnten jederzeit angreifen. Das Leben an Bord war für die Sklaven elend. Wer sich weigerte, stundenlang im Takt zu rudern, wurde ausgepeitscht. Die Kost war eintönig und mager. Angekettet konnte ein Sklave seinen Platz nicht einmal verlassen, um seine Notdurft zu verrichten.

Auf Beutezug

Die Barbaresken waren furchtlose Räuber. 1504 schnappten sich die Brüder Arudsch und Chaireddin Barbarossa sogar zwei Schiffe des Papstes. 13 Jahre später erwürgten sie den Scheich von Algier, worauf Arudsch sich selbst zum Scheich machte.

Ein Piratenstaat war geboren! Bei einem Überfall vor der spanischen Hafenstadt Cádiz erbeuteten die Barbaresken 18 spanische Silberschiffe. 1538 schlug Chaireddin den berühmten italienischen Admiral Andrea Doria. Kamen die Piraten von einem Raubzug, dem »corso« zurück, wurden sie stürmisch von der ganzen Stadt gefeiert. Von »corso« ist auch das Wort »Korsar« abgeleitet, mit dem später alle Freibeuter des Mittelmeeres bezeichnet wurden.

Kampf den Barbaresken!

Die Barbaresken fürchteten niemanden – außer die Johanniter. Dieser christliche Ritterorden hatte auf der Insel Malta mächtige Festungen errichtet. Hunderte Soldaten und Kanonen fanden auf den Schiffen der Johanniter Platz. Mit ihren angsteinflößenden schwarzen Galeeren machten die Ritter aus Malta verbissen Jagd auf muslimische Schiffe. Nach dem Beutezug verkauften sie ihre Gefangenen auf dem Sklavenmarkt – genau wie die Barbaresken, nur auf Malta und nicht in Algier.

An den Mauern der Festungen auf Malta bissen sich selbst die Barbaresken die Zähne aus.

Korsaren zählen Beute und Gefangene ab. Dann wird gefeiert!

Diese Karte von 1502 zeigt die portugiesische Sicht auf die Einteilung der Welt im 16. Jahrhundert.

Europa

Die Trennlinie: links Spanien, rechts Portugal

Afrika

Süd-amerika

Wem gehört die Neue Welt?

Galeonen waren die mächtigen Kriegs- und Silberschiffe der Spanier im 17. Jahrhundert.

Christoph Kolumbus erreichte 1492 Amerika, die Neue Welt, und nahm es für den König von Spanien in Besitz. Das katholische Spanien genoss die volle Unterstützung des Papstes Alexander VI. in Rom. So kam es, dass der Papst auf der Weltkarte eine Linie von Norden nach Süden mitten durch den Atlantik zog. Alles Land westlich dieser Linie sollte auf ewig an Spanien fallen und katholisch werden. Die Erdhälfte östlich der Linie wies der Papst Portugal zu. Die Könige von Spanien und Portugal besiegelten dies. Diese willkürliche Aufteilung der Welt 1494 wurde als Vertrag von Tordesillas bekannt. Andere Seefahrernationen wie England, Holland und Frankreich blieben ausgeschlossen. Wagten sich Schiffe dieser Nationen in die fremden Gewässer der katholischen Herrscher, so wurden sie als Piraten angesehen.

Geheimes Gold

Knapp dreißig Jahre lang plünderten die Spanier die Schätze der Uramerikaner im Geheimen. Sie taten alles, um den unermesslichen Gold- und Silberstrom aus Amerika vor den anderen Europäern zu verbergen. Den Fremden war der Zutritt zu den spanischen Kolonien verwehrt und sie durften auch keinen Handel mit ihnen treiben. Doch es gab Gerüchte. Spanische Schiffsverbände wurden stets auf derselben

Route nach Cádiz, dem Hafen von Sevilla, gesichtet. Große Galeonen, die tief im Wasser lagen. Von Gold und Edelsteinen war die Rede. Aber noch niemand außer den Spaniern hatte sie bisher gesehen.

Montezumas Schatz

1522 raubte Hernando Cortés, der goldgierigste der spanischen Eroberer, den Schatz des Aztekenherrschers Montezuma. Tierfiguren aus reinem Gold, ein Helm randvoll mit Goldkörnern, Perlen, faustgroße Smaragde, Geschmeide und Juwelen gehörten zum Schatz. Außerdem füllten Gold und Silber aus den mexikanischen Minen zwei Karavellen, die seetauglichen Schiffe, mit denen bereits Kolumbus den Ozean überquert hatte. Insgesamt drei Karavellen brachen nach Spanien auf. Cortés wollte Kaiser Karl V. stolz die Reichtümer Mexikos präsentieren. Doch es kam anders ...

Ein Korsar staunt

Er galt den Spaniern schon lange als gefährlicher Freibeuter des verfeindeten Frankreich: Jean Fleury, Korsar, in der französischen Normandie geboren. Jean Ango, ein reicher Kaufmann und Reeder, stellte ihm Schiffe zur Verfügung, mit denen beide den Warenstrom aus Amerika anzapften. Fleury legte sich mit 200 Piraten auf sechs Schiffen im Atlantik auf die Lauer. Er ahnte nicht, dass er eine Art Jackpot knacken würde. Zwischen der Inselgruppe der

Azoren und der portugiesischen Küste sichtete er drei Karavellen. Kaufmannsschiffe mit Tabak und Zucker? Vielleicht.

Die Piratenflotte des Fleury nahm die Verfolgung auf und verwickelte die spanischen Schiffe nur 50 Kilometer vor der portugiesischen Küste in ein Seegefecht. Die schwer beladenen Karavellen waren rasch besiegt. Was Jean Fleury an Bord der gekaperten Schiffe vorfand, übertraf seine kühnsten Erwartungen. Der Schatz des Montezuma, mit dem Cortés vor Kaiser Karl V. hatte glänzen wollen! Das Wertvollste waren die Seekarten, die den Franzosen den Weg zu den Schätzen Amerikas zeigten. Ganz Europa erfuhr nun von den Reichtümern der Neuen Welt. Nicht nur der König von Frankreich begann, fleißig Kaperbriefe auszustellen.

Montezuma empfing Cortés in der Aztekenhauptstadt Tenochtitlán zunächst freundlich.

Im Palast von Axayacatl, dem verstorbenen Vater des Montezuma, entdeckten die Spanier hinter einer Mauer eine überquellende Schatzkammer.

➡ Rekord

500 kg

wogen Schmuck, Helme und Schilde aus Montezumas Schatz. Das entspricht 32 000 Golddukaten!

Francis Drake – der Pirat der Königin

Als Königin Elisabeth I. in der zweiten Hälfte des 16. Jahrhunderts England regierte, verschärfte sich der Gegensatz zwischen dem katholischen Großreich Spanien auf der einen Seite und protestantischen Staaten wie den Niederlanden und England auf der anderen Seite. Noch spielte England unter den Seemächten eine untergeordnete Rolle. Im Vergleich zu Spanien war es arm. Ein Pirat sollte das ändern.

Ein Seedrache erwacht

Francis Drake fuhr schon mit 13 Jahren zur See. Für seinen kinderlosen Kapitän war er wie ein Sohn. Als junger Mann schloss sich Drake seinem Cousin an, dem Sklavenhändler John Hawkins. Trotz des Einfuhrverbots verschleppte er Afrikaner in die spanischen Kolonien.

1562 kam es zu einem Gemetzel, das Drake mit einem lebenslangen Hass auf die Spanier erfüllte. Ein Unwetter hatte die Engländer in den Hafen San Juan de Ulúa bei der mexikanischen Stadt Veracruz verschlagen. Dort wurden Tausende Tonnen Silber verladen. Trotz des vereinbarten Waffenstillstands ließ der spanische Vizekönig die englischen Sklavenschiffe angreifen und vernichten. Drake entkam nur knapp. Von da an führte er einen erbitterten Krieg gegen die verhassten spanischen Schiffe.

Erste Kaperfahrten

Zunächst fuhr Drake auf eigene Faust nach Südamerika. Er spionierte dort die spanischen Silbertransporte aus. Dabei halfen ihm entlaufene schwarze Sklaven, die sogenannten Cimarrones.

Die »Golden Hind«: Drakes Flaggschiff

Quarterdeck
Erhöhtes Deck hinter dem Großmast. Von hier aus erteilen die Offiziere ihre Befehle. Hier wird auch das Morgengebet gehalten.

Drakes Salon

Latrine der Offiziere

Der große Salon

Vorratslager

Geschützdeck
Kanonen stehen hinter Geschützpforten.

Schiffsküche

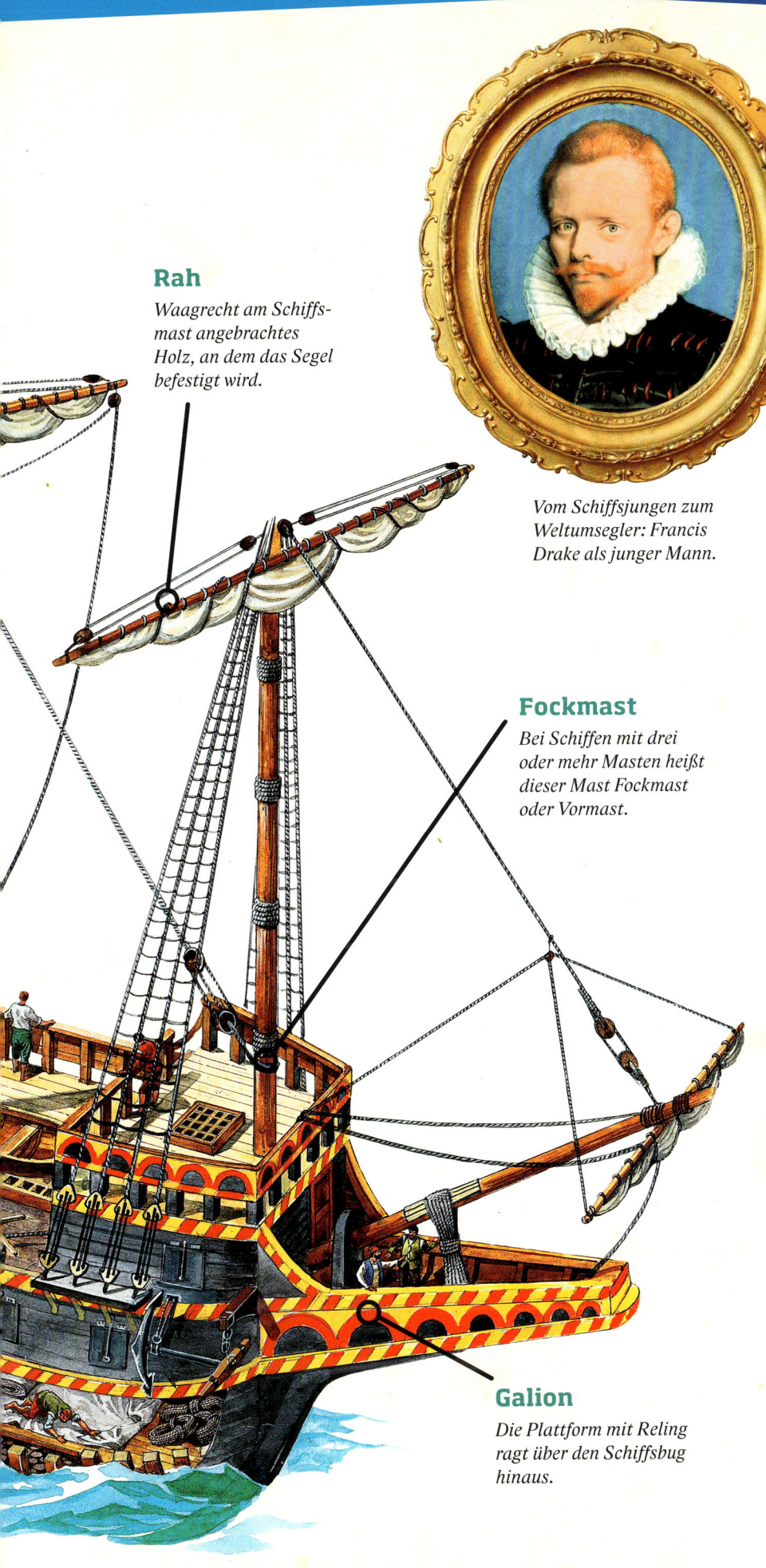

Rah
Waagrecht am Schiffsmast angebrachtes Holz, an dem das Segel befestigt wird.

Vom Schiffsjungen zum Weltumsegler: Francis Drake als junger Mann.

Fockmast
Bei Schiffen mit drei oder mehr Masten heißt dieser Mast Fockmast oder Vormast.

Galion
Die Plattform mit Reling ragt über den Schiffsbug hinaus.

Sie hassten die Spanier noch mehr als Drake. 1573 überfiel der Freibeuter Francis Drake schließlich eine Goldkarawane in Panama. Als wohlhabender Mann kehrte er nach England zurück. Englands Appetit auf die Eroberung der Weltmeere wuchs nun stetig an.

1018 Tage: Die »Famous Voyage«

1577 trat Francis Drake seinen größten Raubzug an, der gleichzeitig die zweite Weltumsegelung der Geschichte war. Königin Elisabeth und weitere vermögende Engländer rüsteten ihn mit den modernsten Schiffen aus. Der Geheimplan des Francis Drake lautete: die spanischen Gold- und Silberlager an der südamerikanischen Westküste auszurauben. Da die Spanier vor Chile nicht mit englischen Piraten rechneten, plünderte Drake ungehindert die Häfen Valparaiso und Lima. Der Hauptfang gelang ihm am 1. März 1579 mit der »Nuestra Señora de la Concepción«. Die spanische Galeone war mit 26 Tonnen Silber, 80 Pfund Gold und 13 Schatztruhen beladen. Drake kaperte sie im Handumdrehen. Das Verladen der Beute dauerte vier ganze Tage. Drake vermied es, über die Südspitze Amerikas heimzufahren. Stattdessen segelte er über den Pazifik, den Indischen Ozean und um die Südspitze Afrikas herum nach England. Am 26. September 1580 lief die »Golden Hind« in Plymouth ein. Viele Nachwuchspiraten eiferten Francis Drake nach und bedrohten von nun an die spanische Vormachtstellung in der Welt.

Funny Fact

Das Schatzschiff »Cacafuego«

Die mit schweren Kanonen bewaffnete »Nuestra Señora de la Concepción« hatte bei den Spaniern einen lustigen Spitznamen: »Cacafuego« (Feuerscheißer).

Die Bukanier

Die Bukanier haben selbst keine Aufzeichnungen oder Spuren hinterlassen. Man weiß nicht, ob sie überhaupt lesen und schreiben konnten. Sicher ist jedoch, dass sie ausgezeichnete Scharfschützen waren. Die Bukanier wurden zum Albtraum für die Besatzungen spanischer Galeonen. Dank des Buchs von Alexandre Olivier Exquemelin »De Amerikaensche Zee-Rovers« (»Die amerikanischen Seeräuber«) wissen wir einiges über die französischen Piraten. Exquemelin war selbst in die Piraterie gezwungen worden, also ein Augenzeuge.

Wie lebten die Bukanier?

Ursprünglich waren die Bukanier Buschjäger. Sie hausten im 17. Jahrhundert auf Hispaniola und Tortuga. Viele spanische Siedler hatten ihre Pflanzungen auf den Inseln bereits aufgegeben. Zurückgeblieben

Henry Morgan wurde 1674 zum Ritter geschlagen. Der Bukanier wandelte sich zum Piratenjäger.

Die Bukanier auf Hispaniola und Tortuga sollen sich nur von Fleisch ernährt haben.

waren verwilderte Schweine und Rinder, die sich zahlreich vermehrten. Auf die machten die Bukanier in Gruppen Jagd. Die Jäger hatten von Einheimischen gelernt, wie man im tropischen Klima Fleisch durch Räuchern haltbar machen konnte. Die Räucherhütte hieß nach einem indianischen Wort Buccan. Häute und Trockenfleisch verkauften die Bukanier an Schiffe, die Proviant aufnahmen, und an Tabakpflanzer. Die Bukanier waren überaus raue Burschen. Sorgsam behandelten sie nur ihre mannshohen Musketen und ihre Hunde. Ihre Knechte schunden sie. Ein Mann der Kirche beschrieb die Bukanier als »Fleischergesellen von der übelsten Sorte, die acht Tage im Schlachthaus zugebracht und sich nicht gewaschen hatten«. Gegen die Moskitoplage schmierten sich die Bukanier dick Schweineschmalz ins Gesicht und rauchten Pfeife. Sie waren bekannt dafür, dass sie Rum tranken »wie die Spanier das Brunnenwasser«.

Wagemutig: Von einem kleinen Küstensegler aus greifen Bukanier eine Galeone an.

Jesus, das sind Gespenster!

Piraten waren gute Kunden der Bukanier: Sie kauften ihnen Dörrfleisch ab. Dabei prahlten sie wohl oft damit, was auf See zu holen war. Den Ausschlag gab der Coup des Piraten Pierre le Grand im Jahre 1602 vor Hispaniola. Mit einer leckgeschlagenen Barke und nur 28 Mann war es ihm gelungen, ein spanisches Schatzschiff samt Vizeadmiral zu entern. Die überraschten Spanier sollen nur gerufen haben: »Jesus, son demonios estos!« (»Jesus, das sind Gespenster!«). Le Grand setzte sie an Land aus und segelte mit der Galeone heim nach Frankreich. Als die Jäger von diesem Streich erfuhren, wechselten sie das Gewerbe. Sie legten sich Boote und Schiffe zu, raubten spanische Barken aus und verkauften die Hehlerware im Hafen von Tortuga weiter. In knapp zwei Jahren soll die Bukanierflotte auf über 20 Schiffe angewachsen sein.

Die »Brüder der Küste«

Um 1640 schlossen sich die Bukanier enger zusammen. Sie gaben sich Regeln und den Kriegsnamen »Frères de la Côte« (»Brüder der Küste«). Viele Gepflogenheiten der Bukanier machten Schule. Sie legten fest, wie man an Bord miteinander umging, wie die Beute verteilt wurde, wie der Verlust von Gliedmaßen entschädigt wurde und welche Strafen drohten, wenn einer die Regeln brach. Dieser Vertrag hieß Chasse-Partie (französisch für »Anteil an der Jagd«).

1666 griff der bestialisch grausame L'Olonnais mit anderen Piratenkapitänen das südamerikanische Festland an.

Unglaublich!

Zielsicheres Wettschießen: Die Bukanier waren äußerst geübte Schützen. Die Jäger schossen nach getaner Arbeit zum Vergnügen Orangen von den Bäumen. Aber nur wer den Stiel traf, gewann!

Das Goldene Zeitalter

»In einer ehrbaren Stellung gibt es karge Rationen, niedrige Löhne und harte Arbeit – in dieser dagegen Hülle und Fülle, Vergnügen und Sorglosigkeit, Freiheit und Macht; (...) das einzige Risiko, das man dabei eingeht, besteht schlimmstenfalls in einem bitteren Blick auf den Strick. Nein, ein fideles und kurzes Leben sei mein Motto.«

Bartholomew Roberts, Pirat (1682–1722)

In Piratennestern wie Port Royal konnte es schon mal wild zugehen ...

Wegen ihres Wertes nannten die Piraten die spanischen Münzen der Neuen Welt Achterstücke.

Francis Drake segelte noch als geschäftstüchtiger Edelpirat und Held über die sieben Meere. Er soll Gefangene ehrenvoll behandelt haben, lebte in England, wenn er nicht gerade auf See war, und wurde eine Art Superstar. Wenig davon trifft auf die Piraten des sogenannten Goldenen Zeitalters (1690–1730) zu.

Piraten des Goldenen Zeitalters

Die Piraten der Karibik, die dieses See- und Inselgebiet vierzig Jahre lang unter Kontrolle hatten, waren ursprünglich Flüchtlinge, entlassene Soldaten und arme Seeleute. Viele wurden in die Karibik verschlagen oder verschleppt. Auch entlaufene Schuldknechte waren darunter, also Männer, die ihre Schulden nicht zurückzahlen konnten und sie deshalb abarbeiten mussten. Sie alle lebten und starben in einem Tropenparadies, das in Wirklichkeit von Krankheiten und Gewalt regiert war. Aber sie waren frei und niemandes Knecht oder Untertan!

Die Piratenplage

Um 1690 uferte die Piraterie in der Karibik aus. Sie bedrohte nicht nur spanische Werttransporte, sondern Handelsschiffe aller Königreiche. Auch englische Händler jammerten über die Piraten und auch dem englischen König gingen Steuereinnahmen verloren. Ebenso einträglich wie Überfälle war der Schleichhandel. Der spanische König hatte die Tabakausfuhr aus seinen Kolonien verboten? Umso besser! Die Piraten verdienten glänzend, indem sie spanischen Tabakpflanzern heimlich das gefragte Kraut abkauften und es an englische und französische Händler weiterverkauften. Zwischen 1701 und 1713 lagen die europäischen Mächte erneut im Krieg. Der König von England griff zu einem bewährten Mittel: Kaperbriefe gegen spanische Schiffe. Nach dem Friedensschluss wurden Tausende Matrosen und Soldaten arbeitslos. Manche suchten ihr Glück auf Piratenschiffen. Auch die Bukanier räuberten auf eigene Rechnung. Kaperbrief hin oder her, eines galt für alle: Europa und seine Herrscher waren gut 7 000 Kilometer weit weg.

Piratenpromis

Berüchtigte Seeräuber wie Edward Teach alias Blackbeard, Bartholomew Roberts, Howell Davis, William Kidd und das Trio Jack Rackham, Anne Bonny und Mary Read waren die Gesichter des Goldenen Zeitalters. Sie beschränkten sich nicht auf die

Wozu eine Schatztruhe verstecken? Die Beute wurde meist gleich wieder verprasst.

Karibik, sondern trieben sich in sämtlichen
Fahrwassern der Handelsschifffahrt
herum. Von Boston bis zu den Bahamas,
von Guinea bis Madagaskar. Es bildeten sich
sogar eigene Seeräuberstaaten. Tortuga,
Hispaniola, Jamaika, New Providence und
Madagaskar waren zeitweise fest in pirati-
scher Hand. Sie waren die eigentlichen
Schatzinseln, denn dort verprassten die
Piraten das Geld, das sie erbeutet hatten.
Port Royal auf Jamaika hatte den Ruf, der
sündhafteste Ort auf Erden zu sein.

Noch ist dieser karibische Inselhafen ein friedlicher Handelsplatz ...

In der Taverne war der Bombo ein beliebter Piratendrink aus Rum, Wasser, Zucker und Muskat.

Willkommen im Piratennest!

Die Namen der ehemaligen Piratenin-seln stehen heute für »Traumurlaub in der Karibik«: die Bahamas, Barbados, Jamaika, die Dominikanische Republik, Kuba, die Antillen oder auch das vor Ostafrika liegende Madagaskar. Haiti und die Dominikanische Republik teilen sich heute die Insel, die zur Zeit der Piraten noch Hispaniola hieß. Zwei Meilen nördlich vorgelagert war die »Schildkröteninsel« Tortuga. Sie hieß so, weil ihre Felsen die Form einer Schildkröte bildeten. Zusammen mit Port Royal auf Jamaika und der Bahamainsel New Providence mit ihrem berüchtigten Hafen Nassau war Tortuga eines der wildesten Piratennester. Hier tobte das Leben der Piraten!

Inseln in Piratenhand

Zwischen den Riffen, Untiefen, Inseln und Küsten verlagerten sich die Schifffahrtsstraßen immer wieder, denn das Gebiet war noch nicht endgültig erforscht. Die Piraten zogen ihre Stützpunkte freilich nach. Sie waren zunächst als Schrecken der Spanier willkommen – und wer hätte es gewagt, sich mit ihnen anzulegen? Der englische Gouverneur von Jamaika und der französische Gouverneur von Tortuga waren freigiebig mit Kaperbriefen. So entglitten den Spaniern die Karibischen Inseln unwiederbringlich. Sowohl Port Royal als auch Tortuga

Auf New Providence liegt Nassau. Das Piratennest wurde mehrmals zerstört, aber von Piraten immer wieder aufgebaut.

Das lasterhafte Karten-spielen um Geld war ein Lieblingszeitvertreib von Piraten.

Lecker: Piratenschmaus!

Natürlich schlugen sich die Piraten nach hungrigen Wochen auf See auch die Bäuche voll. Ihre Leibspeise war das Salmagundi. Es war ein Allerlei, wahlweise aus Schild-krötenfleisch, Fisch, Schweinefleisch, Huhn, gepökeltem Rindfleisch, Schinken, Ente oder Taube. Man briet erst das Fleisch, schnitt es klein und legte es über Nacht in gewürzten Wein ein. Dann wurde es mit Sardellen, hart gekochten Eiern, Kohl, Palmenherzen, Mangos, Zwiebeln und Gemüse vermischt. Das Ganze würzte man mit Knoblauch, Salz, Pfeffer, Senfkörnern, Zitronensaft und Öl. Yo-ho-ho, liebe das Meer und bleibe in der Schenke!

➤ Schon gewusst?

Auf dem felsigen Tortuga wuchsen viele essbare und nützliche Pflanzen und Heil-kräuter. Die Chinarinde war zum Beispiel ein lebenswich-tiges Mittel gegen Tropenfie-ber. Aloe half vorzüglich bei der Wundheilung. Das gelbe Sandelholz brannte so hell, dass es auch Kerzenholz ge-nannt wurde. Mit Fackeln aus diesem Holz konnte man nachts zum Fischen gehen.

besaßen uneinnehmbare Festungen. Cayone, der Hafen von Tortuga, war von einem Riff geschützt. Auf Inseln wie Tortuga brauchten sich Piraten nicht in abgelegenen Buchten und Höhlen zu verstecken. Sie gaben vielmehr den Ton an. Wenn sie von einem Raubzug zurückkamen, stellten sie die Hafenstädte auf den Kopf. Manche Piraten sollen an Land rund 3 000 Peseten in einer Nacht verprasst haben. Als das Geld durch-gebracht war, mussten die Kameraden wieder auf einen neuen Beutezug gehen.

Wie ging es in einem Piratennest zu?

Ein Kapitän kaufte auf Jamaika öfter ein Fass Wein und zapfte es mitten auf der Straße an. Dann zwang er jeden Passanten, mit ihm zu trinken – oder ihn mit einer Flin-te zu erschießen. Ein anderes Mal kaufte er ein Fass Butter und schmierte jedem, der vorbeikam, Butter auf den Kopf oder die Kleider. Port Royal zog zwielichtige Händ-ler, Schmuggler, Abenteurer und schräge Vögel in Scharen an. Vorübergehend war so viel geraubtes Gold in Umlauf, dass es die Geldmenge in London übertroffen haben soll. Die sündige Stadt war eine Weile auch der größte Sklavenmarkt in der Karibik. 1692 wurden die Gebete der Spanier an-scheinend erhört und Port Royal wurde von einem Seebeben zerstört.

Port Royal? Fast. Es ist das Abenteuerhotel »Treasure Island« in Las Vegas.

Der Seeweg von Mittelamerika nach Europa führte durch die inselreiche, seichte Karibik und ihre Piratennester.

Kuba

Hispaniola

Bahamas

Jamaika

Waren Piraten eitel?

Hut mit Kopftuch
Früher hatten Männer oft längere Haare als heute. Das Kopftuch hielt die Mähne zusammen und schützte sie vor Salzwasser und dem Verheddern durch den Wind.

Ohrring
Wenn ein Pirat starb, sollte von seinem goldenen Ohrring ein ordentliches Begräbnis bezahlt werden.

Waffen
Entermesser und Dolch waren typische Piratenwaffen. Dieser Romanheld, Long John Silver aus »Die Schatzinsel«, trägt dagegen eine Muskete auf dem Rücken und hält eine Pistole in der Hand. Beide Schießwaffen wurden mit Schwarzpulver und einzelnen Kugeln durch einen Ladestock geladen.

Halstuch
Auf See ist es immer windig. Der Hals muss mit einem leichten Tuch geschützt werden.

Papagei
Die Lieblinge der Piraten waren darauf abgerichtet, »Pieces of Eight« (Achterstücke) zu krächzen. Her mit der Beute!

Pulverflasche
In einer solchen Pulverflasche bewahre man das Schießpulver auf. Der Flaschenhals oben diente zum Dosieren des Pulvers.

Hose
Hosen auf See wurden oft aus Segeltuch genäht. Eine Hose musste ein sehr raues und robustes Kleidungsstück sein, das für das Leben an Bord geeignet war.

Seekarte

Karten waren kostbare Beute – ein Schatz, den Piraten nur mit Glück in die Hände bekamen. Sich auf See zurechtzufinden, war Gold wert.

Gehstock

Viele Piraten verloren im Kampf ein Bein. Dann musste eine Gehhilfe als Ersatz dienen.

Heute können wir uns kleiden, wie wir mögen. Das war früher ganz anders. Es gab eine ständische Kleiderordnung, die vorschrieb, was die Stände tragen durften oder mussten. Ob Adliger, Geistlicher, Bürger, Bauer oder Handwerker – man konnte an der Kleidung erkennen, wen man vor sich hatte. Bürger, Bauern und Handwerker durften keinen Luxus zur Schau stellen. Das galt als eitel und hochmütig.

Arbeitskleidung oder Kostüm?

Piraten pfiffen auf die Standesordnung! Sie wollten die Oberen durch ihre Art sich zu kleiden reizen. Sie kostümierten sich kunterbunt, wie sie Lust hatten, mit dem, was sie gerade in den Kleidertruhen der beraubten Schiffe fanden. Ein roter Samtmantel zur Augenklappe? Schick! Ein Seidenhemd zum Kopftuch? Warum nicht? Als Pirat durfte man sich selbst jederzeit neu erfinden!

Kapitäns- mantel

Ob dieser Mantel wohl von der Marine geklaut wurde? Es sieht ganz so aus …

Schuhe

Der schicke Schnallenschuh blieb leicht abgewandelt als Monk (Mönch) bis heute in Mode.

Blackbeard geht zu weit

Blackbeard fand es wohl schmeichelhaft, wenn man ihn mit dem Teufel verglich.

Zwischen 1 000 und 2 000 Piraten hatten sich um 1715 auf den Bahamas niedergelassen und plünderten, was ihnen zwischen Nordamerika und der Karibik vor den Bug kam. Der Gouverneur der Bahamas schützte sie und auch bestechliche Marinekommandanten machten gemeinsame Sache mit ihnen. Sie verlangten von den wehrlosen Händlern ein Achtel des Frachtwerts für den Geleitschutz. Wer nicht bezahlte, wurde mit ziemlicher Sicherheit ausgeraubt – und zwar von den berüchtigten Kapitänen Charles Vane und Edward Teach alias Blackbeard (Schwarzbart).

Blackbeard: Schrecken der Karibik

Blackbeard sorgte bewusst dafür, dass ihm sein fürchterlicher Ruf vorauseilte. Er wurde als groß und unglaublich stark beschrieben. Seine Augen seien wild, seine Haare verfilzt gewesen. Seinen schwarzen Bart ließ er sich nie stutzen, sondern flocht ihn mit bunten Bändern zu Zöpfen. Beim Angriff steckte er sich brennende Lunten unter den Hut, die ihn aussehen ließen wie den Teufel höchstpersönlich, unberechenbar und böse. Er soll seinen Steuermann am Kartentisch ins Knie geschossen haben. Als Grund gab er an, wenn er nicht hin und wieder auf einen seiner Leute schieße, vergäßen sie, wer er sei. Selbstverständlich trank Blackbeard maßlos. Er trug zwei Pistolengurte mit je drei Waffen über der Brust gekreuzt – ganz zu schweigen von den Säbeln und Entermessern, mit denen er sich schmückte.

Was tun gegen Blackbeard?

In den anderthalb Jahren, seit Blackbeard in Nassau, der Hauptstadt der Bahamas, in See gestochen war, hatte er 20 Schiffe überfallen und vier davon behalten. Er war jetzt Flottenkommandeur über 400 Männer. Im Frühjahr 1718 blockierte Blackbeards Flotte sogar Charleston, die Hauptstadt von South Carolina. Eine Frechheit! Er nahm ein Ratsmitglied und dessen Sohn als Geisel, kaperte acht Handelsschiffe und erpresste Medikamente für seine Mannschaft. Die armen Kolonien North und South Carolina duldeten Blackbeard nur noch widerwillig, denn er schadete dem Handel inzwischen mehr, als er ihm nutzte. Gouverneur Spotswood aus der reichen Nachbarkolonie Virginia wollte Blackbeard nicht länger gewähren lassen. Im November holte er zum vernichtenden Schlag aus.

Alexander Spotswood war der Gouverneur der britischen Kolonie Virginia in Nordamerika.

Dieser Nachbau von Blackbeards Schiff, der »Queen Anne's Revenge« (»Königin Annes Rache«), entstand für den Film »Fluch der Karibik«.

Er schickte Robert Maynard, Leutnant der englischen Marine, in geheimer Mission aus.

Das letzte Gefecht

Maynard stöberte Blackbeard in der sumpfigen Flussmündung Ocracoke Inlet in North Carolina auf. Mit zwei flachen Schaluppen schlich er sich im Morgengrauen an Blackbeards Schiff »Adventure« (»Abenteuer«) an. Die Piraten waren vom Trinkgelage am Vorabend noch berauscht, feuerten aber Breitseiten ab. Angriff soll ja die beste Verteidigung sein. Die Decks der Marineschiffe wurden zerstört, viele Soldaten getötet.

Maynards Schiff wurde geentert, er warf seine letzten Soldaten ins Gefecht, da stand er Blackbeard mit gezogener Pistole leibhaftig gegenüber. Blackbeard, betrunken und zittrig, schoss daneben. Maynard traf. Trotzdem ging Blackbeard mit dem Entermesser auf den Offizier los, dessen eigener Säbel brach. Ein Matrose rettete Maynard, indem er Blackbeard einen Hieb in den Hals versetzte. Es bedurfte noch mehrerer Hiebe und Schüsse, bis Blackbeard seinen letzten Fluch ausstieß und zusammenbrach.

Blackbeards wütender letzter Kampf mit der englischen Marine.

Das Ende des Goldenen Zeitalters

Die Leichname gehängter Piraten wurden in Eisenkäfigen öffentlich zur Schau gestellt.

Bereits im Jahre 1700 hatte die englische Regierung das Gesetz zur wirksameren Unterdrückung von Piraterie beschlossen. Es erlaubte, Piraten direkt vor Ort in den Kolonien zu verurteilen. Sie mussten zum Prozess also nicht mehr eigens nach London gebracht werden. Das machte die Bestrafung der Piraten viel einfacher. Aber erst ab 1718, nach dem Tod von Blackbeard, machten die Gouverneure endgültig ernst.

Piraten als Bauern?

Das Blatt begann sich zu wenden, als der ehemalige Kaperkapitän Woodes Rogers zum neuen Gouverneur der Bahamas ernannt wurde. Er war entschlossen, auf den Atlantikinseln ordentliche Siedlungen und Pflanzungen zu gründen, und bekam von London die Vollmacht, die lästigen Piraten »auf jede beliebige Weise« auszurotten. Zunächst bot Rogers den Piraten ein Pardon (Vergebung) des Königs an, wenn sie die Seeräuberei aufgaben. Rund 600 Piraten nahmen an und versuchten sich als Bauern. Nicht wenige begnadigte Piraten wurden aber rückfällig, als sich der sensationelle Raubzug von Blackbeard herumsprach. Rogers ließ daraufhin acht Piraten in New Providence hängen. Die harte Bestrafung zeigte Wirkung, schreckte aber nicht ab. Es war für die Seeräuber einfach nur an der Zeit, sich neue Jagdreviere zu suchen.

➡ Schon gewusst?

1856 erklärten England, Frankreich und die USA in Paris die Kaperei, also Seeraub in staatlichem Auftrag, für abgeschafft.

Auf zur Piratenrunde!

Je mehr Stützpunkte sie in der Karibik verloren, desto weitere Wege segelten die Piraten der amerikanischen Atlantikküste. Die Piratenrunde ist der 40 000 Kilometer lange Kurs von Amerika über Guinea um das Kap der Guten Hoffnung bis in den Indischen Ozean. Der Hauptstützpunkt für Raubzüge im Indischen Ozean wurde Saint Marie auf Madagaskar. Von hier aus lauerten Piraten wie Thomas Tew, Henry Every und William Kidd den Schiffen des Großmoguls von Indien auf, die reichlich mit Gold, Silber, Perlen, Gewürzen und Elfenbein beladen waren. Als der Großmogul forderte, härter gegen die Piraten aus den amerikanischen Kolonien vorzugehen, musste England handeln. Es wollte ja weiter Luxusgüter aus dem Fernen Osten einführen.

Wenn der Galgen droht

Die erstarkten Seefahrtsnationen, vor allem Frankreich, England und die USA, verfolgten die Piraten unerbittlich. Als Freibeuter der Krone hatten Piraten ausgedient, denn Seekriege führte zunehmend die Marine. 13 000 Soldaten der Royal Navy auf 67 großen und mehreren kleinen Kriegsschiffen bekämpften die Piraterie erfolgreich. Um 1718 trieben sich noch rund 2 500 Piraten auf dem Atlantik herum – um 1730 waren es nur noch 200. Piraten, die Gnadenakte ausschlugen, bekamen es nicht nur mit der Marine, sondern auch mit privaten Kopfgeldjägern zu tun. Je dichter einst unbekannte Erdteile besiedelt wurden, desto weniger Verstecke blieben den Piraten. Man fand sie immer besser und schneller. Die Kontrolle der Seefahrtstraßen und das Ende des Sklavenhandels in den 1860er-Jahren entzogen der Piraterie im Atlantik endgültig die Grundlage.

Die Stationen der Piratenrunde

1: Nordamerika
2: Karibik
3: Guinea
4: Kap der Guten Hoffnung
5: Madagaskar
6: Horn von Afrika
7: Indischer Ozean

Piraten auf Dampfschiffen?

Die Verbreitung des Dampfschiffs brachte den Seeräubern obendrein noch technische Nachteile. Denn im Gegensatz zu Segelschiffen waren Dampfschiffe nun nicht mehr vom Wind abhängig.
Und was hätten Piraten schon von einem Dampfschiff erbeuten können? Kautschuk, Postbriefe und Tee statt Gold und Perlen? Das ist wenig aussichtsreiche Beute.

Eine Fußkette mit schwerer Metallkugel verhinderte wirkungsvoll, dass Strafgefangene flohen.

Sklaven, denen es gelang, aus der Gefangenschaft zu entkommen, schlossen sich häufig Piraten an.

Totale Flaute und brütende Hitze. Wo bleibt das Schatzschiff, das die schlappen Piraten wieder munter macht?

Über die Planke gehen zu müssen, bedeutete den sicheren Tod für Bestrafte.

An Bord eines Piratenschiffs

Das Piratenleben kannte alle Härten, Gefahren und Krankheiten des Seemannsberufs. Von gewöhnlichen Schiffsbesatzungen unterschied Piratenmannschaften vor allem eines: Alle Piraten waren einander gleichgestellt.

Auf der Lauer

Ein Problem der Piratenschiffe war ihre Mannschaftsstärke. Handelsschiffe wurden mit möglichst kleinen Crews von 20 bis 30 Matrosen gesegelt, um Heuer (Lohn) zu sparen. Piraten stachen dagegen mit 50 bis 100 Mann in See. Denn bei einem Angriff mussten sie in der Überzahl sein. An Bord

galt die Regel »No prey, no pay« (»Keine Beute, kein Lohn«). Gab es Beute, so wurde sie gleich unter allen geteilt, die sich im Gefecht bewährt hatten. Auf Feiglinge und Verräter warteten dagegen grausame Strafen. An Bord war es eng und schrecklich langweilig, denn viel Zeit verging mit dem Warten auf Beute.

Piratenverträge

Bevor es aber so weit kam, beschworen die Piratenmannschaften noch an Land einen Vertrag, der bis zum Ende der Fahrt den Umgang miteinander und die Beuteteilung regelte. Weil Piraten nicht den Gesetzen

Schiffsratten fraßen nicht nur Vorräte, ihre Ausscheidungen verseuchten auch Essbares.

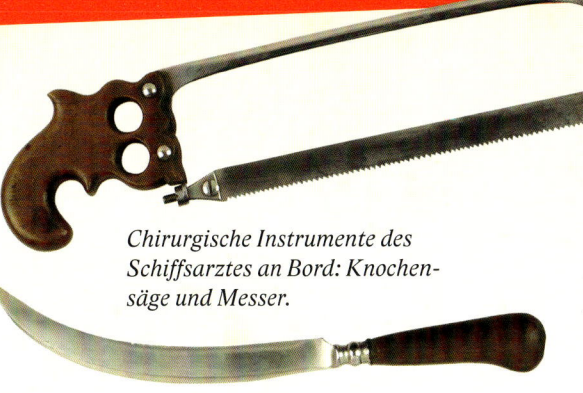

Chirurgische Instrumente des Schiffsarztes an Bord: Knochensäge und Messer.

Leckeres Piratenessen: Erbsenpüree, Pökelfleisch, Hartkäse und Schiffszwieback. Na dann, Mahlzeit!

von Königen gehorchten, mussten sie sich selbst Gesetze geben – und die waren streng. Zunächst wählten sie ihren Kapitän. Wer nicht einverstanden war, konnte und sollte gehen. Wer blieb, auf den musste unbedingt Verlass sein. Kapitäne wurden meist die Verwegensten, weil sie fettere Beute versprachen. Die Anführer hatten keine besseren Quartiere und kein besseres Essen. Sie bekamen nur einen größeren Anteil an der Beute. Kapitän blieb einer so lange, wie er clever und erfolgreich war.

Gefragte Berufe an Bord

In Piratencrews kam es weniger auf Hautfarbe, Herkunft und Religion an als auf Geschicklichkeit und Mut. Wichtige Aufgaben an Bord erfüllten der Schiffszimmermann, der Küfer und der Wundarzt. Sie bekamen Lohn ohne Beute, so wichtig war ihr Können. Der Zimmermann konnte das Schiff reparieren und Holzbeine für Verletzte schnitzen. Der Küfer verwaltete die Fässer, in denen Trinkwasser, Bier oder Rum aufbewahrt wurden. Nach jedem Kampf war der Arzt der wichtigste Mann an Bord. Niemand sonst wusste, wie man Wunden näht oder Gliedmaßen amputiert.

Das leibliche Wohl

Die Verpflegung war eintönig, aber nicht immer miserabel. Viele Piraten wussten, wie man Fleisch durch Pökeln, also Salzen, haltbar machte. Außerdem gab es Schiffszwieback, gewürzte Eintöpfe aus getrockneten Hülsenfrüchten und Frischfleisch von Schildkröten oder Hühnern. Das größte Problem war das Trinkwasser, denn es faulte schnell. Wein galt dagegen als sauberes Getränk. Auf langen Fahrten litten die

Piraten, wie andere Seeleute auch, oft an der Vitamin-C-Mangelkrankheit Skorbut, an Durchfall und Fieber. Unter Deck ballte sich der Gestank von Fäulnis. Ratten und Ungeziefer machten sich über den Proviant her. Rum, Musik, Spiel, Geschichtenerzählen und Papageien waren die Vergnügungen der Piraten, wenn außer der tropischen See nichts in Sicht war.

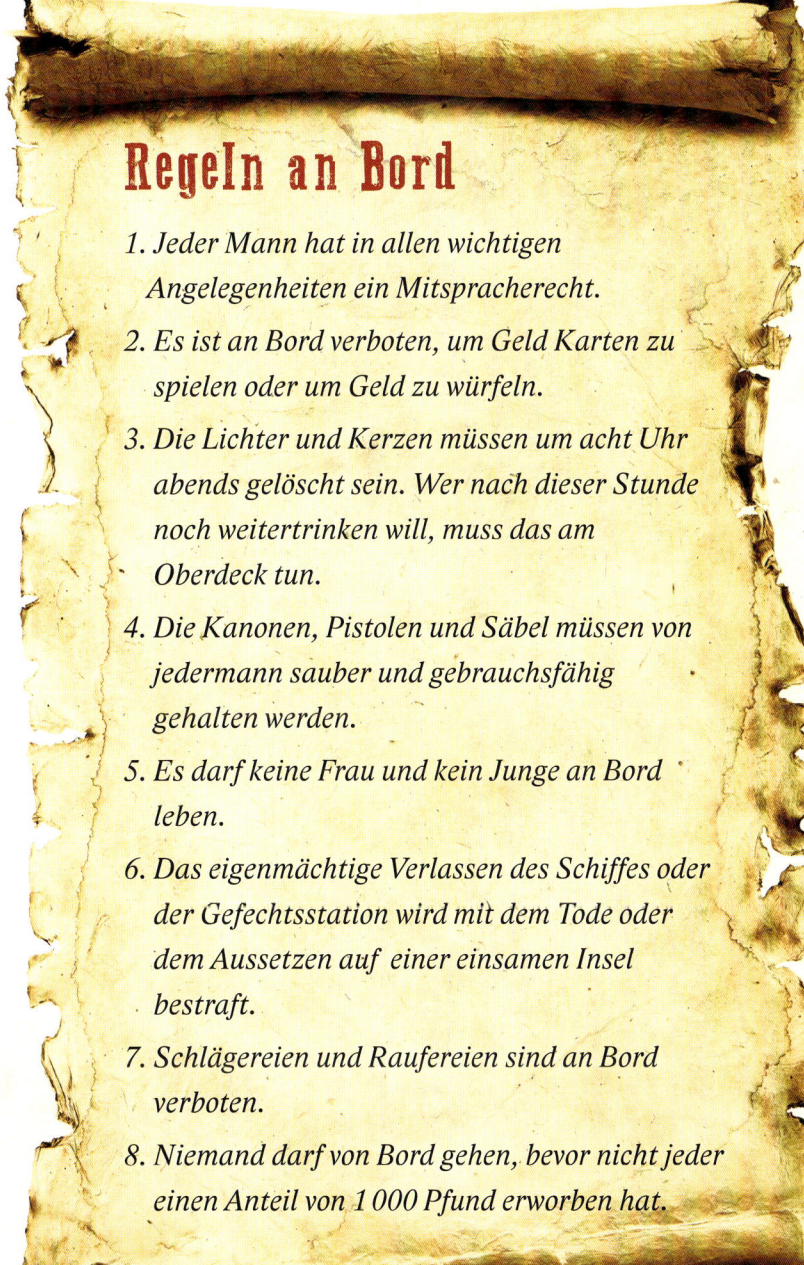

Regeln an Bord

1. Jeder Mann hat in allen wichtigen Angelegenheiten ein Mitspracherecht.

2. Es ist an Bord verboten, um Geld Karten zu spielen oder um Geld zu würfeln.

3. Die Lichter und Kerzen müssen um acht Uhr abends gelöscht sein. Wer nach dieser Stunde noch weitertrinken will, muss das am Oberdeck tun.

4. Die Kanonen, Pistolen und Säbel müssen von jedermann sauber und gebrauchsfähig gehalten werden.

5. Es darf keine Frau und kein Junge an Bord leben.

6. Das eigenmächtige Verlassen des Schiffes oder der Gefechtsstation wird mit dem Tode oder dem Aussetzen auf einer einsamen Insel bestraft.

7. Schlägereien und Raufereien sind an Bord verboten.

8. Niemand darf von Bord gehen, bevor nicht jeder einen Anteil von 1 000 Pfund erworben hat.

Der Jolly Roger wird gehisst

In der Schifffahrt wurden Flaggen von jeher benutzt, um Signale auszutauschen und die Staatszugehörigkeit anzuzeigen. Von Weitem sollte erkennbar sein: Wer ist dein König? Bist du Freund oder Feind? Sind Krankheiten an Bord?

Warum heißt die Piratenflagge Jolly Roger?

Es ist nicht eindeutig geklärt, woher der Name Jolly Roger ursprünglich kommt. Vermutlich ist es die englische Verballhornung des französischen Ausdrucks »joli rouge« (hübsches Rot). Denn Rot ist die älteste Signalflagge, die Quarantäneflagge. Sie zeigt die unmissverständliche Botschaft: »Wir haben eine ansteckende Krankheit an Bord. Kommt uns nicht zu nahe.«
Auch Piraten sollen zunächst eine blutrote Flagge gehisst haben. Erst um 1700 kam dann die schwarze Totenkopfflagge mit persönlichen »Hoheitsabzeichen« der Piratenkapitäne in Mode. Freibeuter segelten bis dahin noch unter der Flagge ihres Mutterlandes.

Zu Tode erschrecken

Mit dem Jolly Roger beabsichtigten Piraten nichts Geringeres, als ihren Opfern Todesangst einzujagen. Schwarz hieß: »Ergebt euch kampflos, dann könnt ihr mit Schonung rechnen und werdet als Geiseln genommen.« Die rote Flagge sagte: »Wir machen keine Gefangenen.« Das heißt: »Wir töten alle«. Wenn ein Kapitän sich nicht ergab, wurde die rote Flagge gesetzt. Wer den Jolly Roger hisste, bekannte sich selbstbewusst zum kriminellen Piratentum.

Die Galionsfigur wurde meistens aus Holz gefertigt. Ihre Beschädigung galt als böses Zeichen.

Eine alte Pistole und ein geschwungener Dolch: Beide waren bewährte Waffen für den Enterkampf.

Edward England
Der Klassiker mit schlicht gekreuzten Knochen unter dem Schädel.

Edward Teach »Blackbeard«
Ein Skelett (Tod und Teufel) durchsticht ein Herz mit dem Speer. In der rechten Hand ein Stundenglas: »Deine Stunden sind gezählt. Du wirst grausam sterben!«

Bartholomew Roberts
Na dann, Prost! Mit dem Tod auf Du und Du. Der Meisterpirat lässt grüßen.

Calico Jack Rackham
Totenschädel und gekreuzte Entermesser.

Edward Low
Hübsch rot droht der Tod. Ein Skelett erscheint am Horizont. Kein gutes Zeichen ...

Wie entert man ein Schiff?

Ein Enterhaken war ganz schön schwer.

1 Beuteschiff in Sicht! Wir nähern uns unter falscher Flagge von achtern. Pech für das Opfer. Es kann nur Breitseiten abfeuern und hat keine Zeit mehr abzudrehen, wenn wir uns zu erkennen geben und ...

2 ... den Jolly Roger hissen! Oh ja, wir sind Piraten! Dann tüchtig brüllen und die Entermesser schwenken. Vielleicht ergeben sich die anderen ja kampflos, wenn wir furchterregend genug schreien und drohen?

3 Längsseits gehen ... so nah wie möglich. Granaten und Schwefelbomben an Deck schleudern, die den Gegner verwirren. Enterhaken und Seile auswerfen, entern. Von uns kann Tarzan noch was lernen. Jetzt der Nahkampf mit Dolch, Entermesser, Muskete und Fäusten.

4 Die Beute ist gemacht! Jetzt können wir feiern, in der Schatztruhe wühlen, Vorräte plündern, Seemannslieder singen und ausgiebig essen und trinken.

Galerie hochberühmter Piratenkapitäne

BLACKBEARD
1680–1718
Edward Teach oder Thatch alias Blackbeard galt als besonders grausam. Nicht nur gegen seine Feinde und Opfer, sondern auch gegen seine eigenen Männer. Sein Markenzeichen waren brennende Lunten, die er sich in den Bart steckte.

BARTHOLOMEW ROBERTS
1682–1722
In nur vier Jahren als Pirat kaperte er 400 Schiffe. Sein Flaggschiff hieß stets »Royal Fortune«, egal welches es gerade war. Er starb vor Guinea im Gefecht.

CALICO JACK RACKHAM
1682–1720
Rackham war eitel und immer modisch gekleidet. Als Pirat war er allerdings eher zweite Garnitur. Meist überfiel er Fischerboote und kleine Handelsschiffe. Berühmt und berüchtigt wurde er wegen der Affären mit Anne Bonny und Mary Read.

JACK SPARROW
(JOHNNY DEPP)
Die Filmreihe »Fluch der Karibik« erzählt von seinen Abenteuern auf der »Black Pearl«.

KLAUS STÖRTEBEKER

Ein Vitalienbruder oder eine Verwechslung? Das berühmte Störtebekerbild zeigt wohl eher Kunz von der Rosen, den Hofnarren Kaiser Maximilians I. Aber der Mythos lebt weiter!

HENRY MORGAN

1635–1688

Der Bukanier war ein starker Trinker. Begnadigt und geadelt, jagte er nach seinem aktiven Piratendasein später selbst Piraten.

LONG JOHN SILVER

Piratenfigur aus dem Roman »Die Schatzinsel« von Robert Louis Stevenson, der 1883 erstmals als Buch erschien. Long John Silver hat ein Bein verloren und ist daher auf seine Holzkrücke angewiesen. Der Roman wurde schon mehrmals verfilmt.

WILLIAM KIDD

1654–1701

Glückloser Kaperfahrer, der als Pirat von einem Schmähgericht abgeurteilt und hingerichtet wurde.

Piratinnen

Anne Bonny zögerte nicht, einen Schuss abzufeuern.

Es gab weniger Piratinnen als Piraten, ihre Beweggründe ähnelten aber denen ihrer männlichen Kollegen. Sie wollten der Armut entkommen, hatten Kummer, wollten sich rächen und auch fette Beute machen. Dem Neuanfang als Piratin ging meist eine Verkleidung voraus. Die Frauen mussten Männerkleider anlegen, denn die Seefahrt war den Männern vorbehalten.

Anne Bonny und Mary Read

Die berühmtesten Piratinnen der Karibik waren Anne Bonny und Mary Read. Anne Bonny war die Tochter eines irischen Anwalts, der mit seiner Geliebten nach South Carolina auswanderte. Anne brannte jung mit dem Seemann James Bonny durch. Auf der Bahamainsel New Providence begegnete sie Jack Rackham, mit dem sie von da an

Mary Read – oder doch Mark Read?

in Männerkleidung auf Raubfahrt ging. Man sagte, Rackham habe nichts im Kopf außer Anne Bonny.

Auch Mary Read kleidete sich als Mann – um sich ihren Lebensunterhalt besser verdienen zu können. Sie diente in der Armee, heiratete einen Kameraden und betrieb mit ihm ein Wirtshaus. Als er starb, schlüpfte Mary wieder in Männerkleider und fuhr als Schiffsjunge zur See. Ihr Handelsschiff wurde überfallen – von Jack Rackham und Anne Bonny. Anne Bonny gefiel der Schiffsjunge namens Mark Read. Er wurde in die Mannschaft von Calico Jack aufgenommen. 1720 fasste man das Trio. Nur Rackham wurde gehängt.

Die Engländerin Ann Mills verkleidete sich als Mann, um zur Marine gehen zu können.

Interview mit der Königin der Piraten

Name: Zheng Yi Sao
Alter: 69 Jahre (ist aber schon lange her)
Hobbys: Geld und Spielhöllen

Madame Zheng war die Herrscherin über ein gigantisches Piratenimperium, scheute sich aber anscheinend nicht, auch selbst zum Schwert zu greifen.

Madame Zheng Yi Sao, Sie sollen um 1807 eine größere Piratenflotte geführt haben als Barty Roberts. Ist das korrekt?

Herr Roberts, ja, ich habe von ihm gehört. 400 Männer auf vier Schiffen soll er im kalten Ozean herumkommandiert haben. Nun, was soll ich dazu sagen? Mir gehorchten 70 000 Männer in sechs Flotten …

Oh, das ist allerdings ein Eckchen mehr. Konnten Sie die noch auseinanderhalten?

Aber sicher! Wissen Sie, gute Organisation ist die Mutter des Erfolgs! Jede meiner Flotten hatte eine Farbe: Weiß, Schwarz, Rot, Blau, Gelb und Grün. Genial, oder? Außerdem setzten mein zweiter Mann Zhang Pao und ich Familienangehörige als Kommandanten, Unterkommandanten und so weiter ein, sooft es ging. Wir hatten alles im Griff!

Und was sagte der Kaiser von China dazu?

Ist mir doch egal! Da er uns nicht besiegen konnte, hatte er selbstverständlich auch nichts zu sagen.

Aha. Dann etwas ganz anderes: Wer war denn eigentlich Ihr erster Mann?

Herr Zheng? Spross einer alten Piratenfamilie! Wir waren unsterblich verliebt. Leider starb er viel zu früh. Ich übernahm dann die Firma. Ein wenig ungewöhnlich für eine chinesische Frau, zugegeben, aber als Witwe hielt ich es für meine Pflicht.

Was sagen Sie zu Ihren Kolleginnen Anne Bonny und Mary Read?

Bedauernswerte Geschöpfe ohne Macht und Einfluss. Sie prügelten sich wegen ein paar Ballen Tabak und eine starb sogar jung im Gefängnis. Ich dagegen wurde als Besitzerin meiner Spielhölle 69 Jahre alt, nachdem ich aus der Piraterie ausgestiegen war. Das nenne ich eine Erfolgsgeschichte!

An Bord der geplünderten »Samuel« war ein New Yorker Journalist. Er beschrieb Roberts: »Er ist groß und schlank, mit gut geschnittenem Gesicht und dunklen Haaren. Auch im Gefecht trägt er Damast, Atlas, Brokat und Seide mit reichen Goldlitzen an dem roten Rock, der dem der höchsten britischen Offiziere nachgebildet ist.«

Das Ende des Meisterpiraten

Bartholomew Roberts war mit Abstand der erfolgreichste Pirat von allen. Der Sieg über Black Barty war der englischen Krone so wichtig, dass sein Bezwinger zum Dank sogar zum Ritter geschlagen wurde.

Wie wurde aus dem Offizier Roberts »Black Barty«?

Wahrscheinlich hätten wir nie etwas von einem Bartholomew Roberts gehört, wenn Howell Davis das Sklavenschiff, auf dem Roberts dritter Steuermann war, nicht überfallen hätte. Roberts wurde daraufhin in die Piraterie gepresst, fand aber bald Gefallen am Piratenleben. Er hatte seine Fähigkeiten 20 Jahre lang als braver Seemann bewiesen, auf ein eigenes Kommando durfte er aber wegen seiner niederen Herkunft nicht hoffen. Nachdem Davis in Afrika getötet worden war, wählte die Mannschaft Roberts zum Kapitän. Der soll dazu bemerkt

Mit dem Astrolabium bestimmte man die Höhe der Gestirne.

Oktant, Senklot und Chronometer für die Navigation zu nutzen, war nicht jedem Piraten vergönnt.

Ob Bartholomew Roberts seinen letzten Wunsch wohl noch mitteilen konnte?

haben: »Da ich schon meine Hände in schmutziges Wasser getaucht habe und Pirat geworden bin, halte ich es allerdings für besser, oben statt unten zu sein.«

Aufstieg zum Meisterpiraten

Roberts besaß viele Fertigkeiten, die gewöhnlichen Piraten fehlten. Er konnte lesen und schreiben und war sehr diszipliniert. Er kannte alle Handelswege im Atlantik. Er beherrschte die Kunst der Navigation und konnte mit Oktant, Senklot, Chronometer und Kompass umgehen. Das war ein unschätzbarer Vorteil und machte ihn für vier Jahre unschlagbar. Deshalb nannte er sich und seine Offiziere auch Sealords (Herren der See). Er plünderte nicht nur Schiffe, sondern ganze Häfen in Brasilien, in der Karibik, in Neufundland (Nordamerika) und in Guinea (Afrika). Meist besiegte er seine Opfer kampflos. Geschrei, gezogene Säbel und der Jolly Roger sollten jeden Gedanken an Gegenwehr sofort wegfegen. Roberts war nicht zu fassen – bis Februar 1722. Vor Guinea an der Westküste Afrikas traf er auf eine kleine Gruppe von Schiffen, die der englischen Marine angehörten und unter dem Kommando von Kapitän Chaloner Ogle standen. Gleich zu Beginn des schweren, dreistündigen Gefechts starb Black Barty. Seine Männer warfen ihn, wie gewünscht, mit Samt, Seide und Juwelen ins Meer.

Der Prozess und die Urteile

268 Gefangenen wurde ein erstaunlich fairer Prozess gemacht. 74 Gefangene wurden freigesprochen, darunter der Bordarzt, der Steuermann, die Musiker und 18 Franzosen von einem gekaperten Weinschiff. 37 wurden zu Zwangsarbeit in afrikanischen Goldminen verurteilt. 70 afrikanische Piraten verkaufte man in die Sklaverei. 52 Männer wurden zum Tode verurteilt. Die übrigen starben bereits auf dem Transport oder im Gefängnis. Der wichtigste Piratenprozess, der je geführt worden war, leitete eine Welle der Piratenbekämpfung ein. Die Piraten zerstreuten sich, aber umso eifriger beschäftigten sich Flugblätter und Theaterstücke mit den Räubern der Meere.

Funny Fact

Ein Pirat mag Saft?

Bartholomew Roberts war anders als andere Piraten. Er trank gerne Tee und Fruchtsaft und leistete sich ein Bordorchester. Es spielte ihm in ruhigen Stunden vor.

Prozessakte von 1720 gegen Kapitän Rackham und weitere Piraten sowie die Piratinnen Mary Read und Anne Bonny.

THE
TRYALS
OF
Captain John Rackam,
AND OTHER
PIRATES, *Viz.*

Geroge Fetherston,   Noah Harwood,
Richard Corner,   James Dobbins,
John Davies,   Patrick Carty,
John Howell,   Thomas Earl,
Tho. Bourn, *alias* Brown, John Fenwick, *at* Fenis

Who were all Condemn'd for PIRACY, at the Town of St. Jago de la Vega, in the Island of JAMAICA, on Wednesday and Thursday the Sixteenth and Seventeenth Days of November 1720.

AS ALSO, THE

TRYALS of Mary Read and Anne Bonny, *alias* Bonn, on Monday the 28th Day of the said Month of November, at St. Jago de la Vega aforesaid.

And of several Others, who were also condemn'd for PIRACY.

ALSO,

A True Copy of the Act of Parliament made for the more effectual suppression of Piracy.

Jamaica: Printed by Robert Baldwin, in the Year 1721.

Piraten heute

Viele Jahrzehnte lang war die Piraterie kein großes öffentliches Thema – bis sich die Zahl der Piratenüberfälle in kurzer Zeit, von 2006 bis 2010, fast verdoppelte. Alleine bei den gemeldeten Überfällen wurden 306 Millionen Euro erpresst. Wir können nur schätzen, wie viele Angriffe nicht angezeigt wurden, um die Versicherungsbeiträge für Schiffe und Ladung niedrig zu halten. Seit 2010 sind die Piratenüberfälle wieder zurückgegangen. Dies ist auch internationalen Anti-Piraten-Maßnahmen zu verdanken.

Wo sind Piraten aktiv?

Zwei Seegebiete sind für die Piraterie berüchtigt: die Gewässer vor Somalia (Afrika) und die Straße von Malakka (Südostasien). Deutsche Reedereien sind von der Piraterie

stark betroffen, denn Deutschland hat eine der größten Containerschiffflotten der Welt. Jahrelanger Bürgerkrieg und große Not haben in Somalia viele Fischer in die Piraterie getrieben. Denn seit der Staat die Küstengewässer nicht mehr schützt, werden die somalischen Fischgründe leergefischt. Neben den Fischern stellen jedoch organisierte Banditen und ihre Hintermänner die Mehrheit der Piraten. Meist geht es ihnen um Lösegeld für die Besatzungen. Aber auch Öldiebstahl, Raub teurer Fracht oder das Ausräumen der Schiffskasse ist für Piraten interessant. Oft spionieren sie bereits lange vor dem Überfall aus, in welchem Hafen wertvolle Fracht oder Bargeld an Bord genommen werden.

2009 sollte eine Einheit der Bundespolizei die "Hansa Stavanger" befreien. Wegen des Risikos für die Geiseln brach die Regierung die Aktion aber ab.

Hightech-Piraten?

Die Ausrüstung moderner Piraten besteht häufig nur aus einem schnellen Boot, Granatwerfern, Maschinengewehren, Pistolen, Enterleitern und Seilen. Doch solch eine schlichte Ausrüstung hat genügt, um das Containerschiff »Hansa Stavanger« 2009 vor der Küste Somalias zu kapern und von der Hamburger Reederei 2,75 Millionen US-Dollar zu erpressen. Ähnlich erging es der »Hansa Marburg« 2013 vor Nigeria. Vor allem an der Westküste Afrikas ist die Zahl der Piratenüberfälle zuletzt stark gestiegen.

Eine Anti-Piraten-Spezialeinheit übt das Abseilen auf ein schwankendes Deck.

2 000 Schiffe fahren täglich durch das Nadelöhr der Straße von Malakka.

Er hat vielleicht nicht viel zu verlieren: ein junger somalischer Pirat vor einem gestrandeten Wrack aus Fernost.

➜ Schon gewusst?

Am 19. Oktober 2012 verurteilte das Landgericht Hamburg zehn Piraten aus Somalia zu Gefängnisstrafen von bis zu sieben Jahren. Sie hatten 2010 den deutschen Frachter »Taipan« überfallen. Es war der erste Piratenprozess in Deutschland seit Jahrhunderten.

Schutz- und Abwehrmaßnahmen

Seit Dezember 2008 patrouillieren Einheiten wie die European Naval Force Somalia (Europäische Seestreitkräfte Somalia) vor allem im Golf von Aden vor Somalia. Auch Flugzeuge beobachten den Raum. Aber zwischen dem Horn von Afrika und Madagaskar ist die Überwachung lückenhaft. Hier greifen Piraten an. Sie bleiben nicht in den Küstengewässern, sondern lassen sich von anderen Schiffen huckepack auf die offene See mitnehmen. Doch die Schiffsbesatzungen versuchen, sich unsichtbar und unhörbar zu machen, um sich zu schützen. Sie dunkeln die Schiffe ab, schalten das AIS (Automatisches Identifikationssystem) und den Funk ab. Auch schnelles Fahren kann helfen. Erfolgreiche Kaperungen waren bis 2008 bei Geschwindigkeiten von über 15 Knoten (28 Stundenkilometer) nicht bekannt. Sind die Piraten schon nahe, legt man Stacheldraht auf der Reling aus. Druckschläuche zum Feuerlöschen dienen als Wasserwerfer. Auch Schmierseife auf den Bordwänden macht das Entern schwer. Der bewaffnete Schutz ist Sache der Marine. Die Staaten müssen sich untereinander rechtlich einigen, wer unter welchen Umständen in welche Gewässer bewaffnet eindringen darf.

Schatzfieber

Seit Beginn der Seefahrt sind schätzungsweise drei Millionen Schiffe gesunken. Auch auf dem karibischen Meeresboden, überwachsen von Korallen und Muscheln, schlummert noch so manches Silberschiff. Wissenschaftler schätzen, dass rund 300 000 dieser Wracks einst wertvolle Fracht beförderten. Zwischen 1500 und 1720 soll Edelmetall im Wert von über zehn Milliarden Euro in karibischen Gewässern versunken sein. Schatzsucher aus aller Welt wollen an den Reichtümern am Meeresgrund teilhaben. Mit verbesser-ten technischen Möglichkeiten gelingt dies auch immer häufiger.

Wie werden Schätze gesucht?

Nur ganz selten haben Taucher so viel Glück wie vier junge Amerikaner in den 1970er-Jahren. Beim Sporttauchen nahe Great Bahama Island entdeckten sie Goldbarren in nur vier Metern Tiefe. Schatzsuche erfordert normalerweise viel Geld, Technik und Wissen. Zunächst muss man nachforschen, wo ein lohnendes Wrack liegen könnte, dann eine Expedition mit allen

Taucher helfen dabei, einen rund 1,4 Tonnen schweren Anker wohlbehalten aus dem Wasser zu heben.

Wo liegt was? Ein Raster teilt die Fundstelle in Planquadrate ein, damit alles präzise verzeichnet werden kann.

Eine moderne Schatzkarte! Ob eines der Schiffe wohl gerade einen Schatz geladen hatte, als es versank?

Geräten ausstatten und schließlich lange und gründlich im Trüben fischen. Deshalb wird die Schatzsuche vor allem von zwei Menschengruppen betrieben, die sich nicht selten feindselig gegenüberstehen: Forscher und Schatzsucher.

Was macht ein Unterwasserarchäologe?

Einerseits durchforsten Unterwasserarchäologen die See. Zwischen 1959 und 1981 tauchten drei amerikanische Forscherteams nach Überresten des versunkenen Port Royal, der alten Piratenhochburg auf Jamaika. Berühmt wurde auch der Entdecker des »Titanic«-Wracks, Robert Ballard. Sein Team verfügt über eines der raffiniertesten Unterwasserforschungssysteme, die je gebaut wurden. Wie ein angeleinter Hund sucht der Roboter »Herkules« den Meeresboden in 6 000 Metern Tiefe mit einer Kamera ab. Sein Begleiter »Argus« beleuchtet den stockdunklen Meeresboden und beobachtet die Arbeit von »Herkules«. Wissenschaftler interessieren sich weniger für Geld und Gold als für Daten, Geschichte, Biologie und Geologie der Ozeane.

Was interessiert Schatzsucher?

Auf der anderen Seite stehen Firmen, die gezielt nach Schätzen suchen. Sie besorgen sich Geld von Anlegern und versprechen, bei Fündigwerden einen festgelegten Anteil des Schatzes an die Geldgeber abzugeben. Eine der größten Firmen, Mel Fishers's Treasures, machte 1985 einen spektakulären Fund: Die »Nuestra Señora de Atocha«, die 1622 vor Florida gekentert war, hatte 48 Tonnen Silber geladen, die wie ein schlammbedecktes Riff vor den

Tauchern lagen. 300 bis 400 Millionen US-Dollar war dieses Silber-Riff wert.

Blackbeards Schiff im Museum

1996 spürten die Phil-Masters-Schatzsucher Blackbeards Flaggschiff auf, die »Queen Anne's Revenge«. Die Firma schlug dem Maritimen Museum in North Carolina ein Gemeinschaftsprojekt vor und verzichtete auf ihren Anteil. Die Schätze sollten allein dem Staat und seinen Bürgern gehören. Im Oktober 2013 bargen Archäologen und Schatzsucher mit vereinten Kräften die Kanonen der »Queen Anne's Revenge«.

▶ Schon gewusst?

Besonders erfolgreich war der Schatztaucher Barry Clifford. Er entdeckte 1984 die »Whydah« von Sam Bellamy und im Jahr 2000 die »Adventure Galley« von William Kidd.

Mit Sam Bellamys »Whydah« wurden diese spanischen Goldartefakte gehoben.

Bergung einer Kanone der »Queen Anne's Revenge« im Oktober 2013.

Glossar

Enterhaken warf man auf das gegnerische Schiff, um es näher heranzuziehen.

Achterstück: Typische spanische Münze in der Karibik zur Zeit des Goldenen Zeitalters. Ihr Name leitet sich vermutlich von ihrem Wert ab, da sie acht Real entsprach.

Barbaresken: Muslimische Seeräuber im Mittelmeer (etwa 1500–1830), die in Algier, Tunis und Tripolis ihre Hauptquartiere hatten.

Bukanier: Vom französischen Wort »boucan« (Räucherhütte). Ursprünglich waren sie französische Jäger, die im 17. Jahrhundert in der Karibik mit Fleisch und Häuten handelten. Später wurden sie Piraten in Port Royal und auf der Insel Tortuga. Sie plünderten bevorzugt spanische Schiffe und die Küsten Mittelamerikas.

Chasse-Partie: Französisch für »Anteil an der Jagd«. So hieß der Vertrag, in dem die Bukanier die Aufteilung der Beute festlegten.

Entermesser: Langes Messer mit breiter Klinge. Ab dem 16. Jahrhundert war das Entermesser die bevorzugte Nahkampfwaffe auf See.

Entern: Ein Beuteschiff mit Haken und Seilen erklettern und im Kampf erobern.

Flaggschiff: Das Schiff einer Flotte, auf dem der Kommandant war.

Freibeuter: Sie raubten im Auftrag einer Regierung oder eines Fürsten in Kriegszeiten feindliche Schiffe aus. Einen Teil der Beute durften sie behalten, einen Teil mussten sie beim Auftraggeber abliefern.

Galeere: Ein Ruderschiff mit zusätzlichen Segelmasten. Eine Galeere war wenig seetüchtig, aber schnell. Vom 14. bis zum 18. Jahrhundert war dieser Schiffstyp im Mittelmeer weit verbreitet. 50 Meter lang und fünf bis sechs Meter breit – hier fanden mehrere Hundert Rudersklaven Platz.

Galeone: Spanisches Fracht- und Kriegsschiff mit hohen Aufbauten und großem Frachtraum. Galeonen wurden vor allem für Silbertransporte aus Südamerika genutzt. Wegen der meist kostbaren Ladung und ihrer Schwerfälligkeit waren sie beliebtes Ziel englischer Piraten.

Goldenes Zeitalter: Zeitraum von etwa 1690 bis 1730, in dem die Piraterie in der Karibik in voller Blüte stand.

Hanse: 1241 in Norddeutschland gegründeter Kaufmanns- und Städtebund. Mitglieder waren zum Beispiel Lübeck, Bremen, Hamburg, Wismar, Rostock und Riga. Das Ziel war die Förderung des Handels und der Schutz der Kaufleute. Die Hanse war die schärfste Gegnerin der Piraten in der Nord- und Ostsee.

Jolly Roger: Wahrscheinlich vom französischen »joli rouge« (hübsches Rot) abgeleitete Bezeichnung für die Piratenflagge, die anfangs tatsächlich rot war. Erst ab dem 17. Jahrhundert wehte die schwarze Totenkopfflagge.

Kaperbrief: Ein Dokument, das von einer Regierung ausgestellt wird und dem Kaperfahrer erlaubt, in Kriegszeiten gegnerische Schiffe zu überfallen.

Kogge: Die Kogge war ein seetüchtiges, einmastiges Handelsschiff der Hanse vom 13. bis zum 15. Jahrhundert. Es hatte vorne und achtern (hinten) Kastellaufbauten zur Verteidigung gegen Angreifer.

Korsar: Kaperfahrer im Mittelmeer zur Zeit der Barbaresken. Korsaren wurden die Kaperer auf beiden Seiten genannt – sowohl die muslimischen als auch die christlichen. Der Begriff stammt vom französischen »la course« (Kaperfahrt).

Neue Welt: Bezeichnung der Europäer für die neu entdeckten Kontinente Nord- und Südamerika.

Piraterie: Unerlaubter Seeraub außerhalb der Gesetze auf offener See, an Küsten, in Häfen und auf Flüssen. Heute wird der Begriff auch im übertragenen Sinne verwendet, zum Beispiel für Datenpiraterie im Internet.

Prise: Die Prise ist die Beute, also ein gewaltsam erobertes Schiff mitsamt Ladung.

Schiffbruch: Ein Schiffsunglück auf dem Wasser, bei dem das Schiff aufgegeben werden muss. Ursachen können unter anderem sein: Auflaufen auf Felsen oder Riffe, Kentern, Stranden oder ein Leck.

Strandrecht: Mittelalterliches Recht der Küstenanwohner auf das Hab und Gut Schiffbrüchiger.

Vitalienbrüder: Sie wurden auch Likedeeler (Gleichteiler) genannt. Die Vitalienbrüder waren zunächst Freibeuter im Auftrag König Albrechts von Schweden gegen Dänemark und die Hanse. Sie versorgten die belagerte schwedische Hauptstadt Stockholm mit Lebensmitteln (Vitalien) und richteten sich auf der Insel Gotland ein.

Band 71

Bildquellennachweis: akg-images: 9o (P. Connolly), 39or, akg-images/De Agostini Picture Lib./G. Dagli Orti: 8ul, 10mr, akg-images/North Wind Picture Archives: 13ur, 21om, 22or, 25u, 32ul, Alamy: 4ul (Niday Picture Library), 36l (Garry Gay Photography), 41or (Lebrecht Music and Arts Photo Library), bpk - Bildagentur für Kunst, Kultur und Geschichte: 19ur (Ethnologisches Museum, SMB/C. Obrocki), 27ol (British Museum Images), Bridgeman Art Library: 5or (O. Lavasseur, R. Payne (b.1934)/Private Collection/Look and Learn), 12ul (Look and Learn), 23or (Delaware Art Museum, Wilmington, USA), 30ol (Peter Newark Historical Pictures), 34or (H. Pyle/Private Collection), 39ur (Look and Learn), 40or (Peter Newark American Pictures), 42o (Look and Learn), 43ur (Peter Newark Historical Pictures), Corbis: 2or (S. Amantini/Atlantide Phototravel), 3mr (J. Rotman), 6ml (Bettmann), 7mr, 7or (Stapleton Collection), 7um (Bettmann), 11um (W. Forman), 12or (Bettmann), 19or (Heritage Images), 19um (K. Garrett/National Geographic Society), 24or (S. Amantini/Atlantide Phototravel), 27mr (Radius Images), 30mr (Bettmann), 34ur (D. Middleton/FLPA/Minden Pictures), 38ol (Bettmann), 38ul (The Print Collector), 39ul (Blue Lantern Studio), 43om (Tria Giovan), 46or (J. Rotman), 46u (J. Blair), 47um (R. T. Nowitz), Fotolia: 8or (A. Starostin), 24ul (fergregory), Getty: 16or (Culture Club/Hulton Archive), 19ul (Mixtec), 35ol (The New York Historical Society/Kontributor), 39ol (Universal Images Group), 40ur (Rischgitz), 43or (Hulton Archive), Getty/Culture Club/Kontributor: 6ul, 23ur,

38or, 40ul, iStock: 33m (mevans), Original 1. Kölner Piraten vun 1968 k.e.V.: 35or, National Maritime Museum London: 13o, 28ur, Open Clip Art Library: 2ol (Flaggenmotive), 37 (Flaggenmotive), Picture Alliance: 2ur (Mary Evans Picture Library), 4or (Costa/Leemage), 6mr (Mary Evans Picture Library), 7mm (epa Marine Nationale HO), 7ol (S. Sauer), 10ur (W. Forman), 11or (akg-images/W. Forman), 11ul (M. Gambarini), 14ul (Bildagentur-online/Ohde), 15ml (C. Jaspersen), 15or (obs/Störtebeker Festspiele GmbH & Co. KG), 15ur (D. Reinhardt), 28ul (J. Ege), 28/29m (Mary Evans Picture Library), 33ol (Prismaarchvo), 38ur (Walt Disney Pictures/ZPress), 43om (O. Diez/Arco Images), 44or (B. Roessler), 44ul (A. Yusni), 45o (F. A. Warsameh), 47or (dieKLEINERT.de/Enno Kleiner), 47ur (C. Beckley/AP Images), Picture Alliance/akg-images: 9ur, 14r, 16mr, 34ol, 42ur, Shutterstock: 2ol (Mast - ayzek), 2ol (Flaggen - DVARG), 2om (Myotis), 4/5 (Hg. - Nagib), 6/7 (4x - A. Smith), 6/7 (Hg. - Roberaten), 6/7 (Hg. - colors), 8ul (strelov), 11mr (S. O'Dwyer), 11ol (G. Johnson), 11ol (strelov), 12o (A. Smith), 12/13 (Hg. - Roberaten), 16/17 (Hg. - Roberaten), 17or (AC Rider), 18ul (Dudchik), 21om (gillmar), 24ml (Myotis), 24/25HG (I. Kalinin), 25or (I. Rasko), 26ur (Ramunas Bruzas), 28ol (chrisbrignell), 28om (Baptist), 29ol (Gemenacom), 30ur (Mana Photo), 32/33 (Hg. - Roberaten), 35ur (Tischenko Irina), 36um (M. F. Acosta), 36ur (lynnette), 37mr (3drenderings), 37 (Hg. - pavila), 37 (Mast - ayzek), 37 (Flaggen - DVARG), 38ol, or, ur (Rahmen - tobkatrina), 38ur (Rahmen - K. Bakalyan), 38ul (gillmar), 38/39 (Hg. - N. Litovchenko), 39or (LiliGraphie), 39ul (tobkatrina), 42/43 (Hg. - Roberaten), 44ur (A. Smith), 46/47 (Hg. - S. B. Goodwin), 48or (3drenderings), Shutterstock/Ivancovlad: 4ul, 5or, 6ul, 6um, 7mr, 8ul, 9o, 11ur, 13om, 14r, 14/15u, 16mr, 18o, 19ur, 19or, 20/21, 22/23o, 22or, 23or, 24o, 25u,

27mr (Hg.), 27ur (Hg.), 28/29 (Hg.), 30ol, 30/31 (Hg.), 32l, 33or, 36 (Hg.) 40ul, 40or, 41 (Hg.), 42o, 43ur, 44or, Thinkstock: 1 (I. Kovalenko), 12mr (Rui Saraiva), 43ol (Suljo), Wiki: 3ol (x3), 18o (Biblioteca Estense Universitaria, Modena, Italy), 27ur (DEMIS_Mapserver), 44ur

Vorsatz: Shutterstock (VikaSuh) ol, Shutterstock (Smit) ur

Umschlagfotos: U1: Shutterstock (Pirat - Bobby Deal / RealDealPhoto), (Hg. - djgis), (Schiff - RCPPHOTO), (Flagge - Alex Hinds), U4: Thinkstock (cosmin4000)

Gestaltung: independent Medien-Design

Illustrationen: Archiv Tessloff: 3um, 4ur, 33ur, 37u, Smirnov, Nikolai: 2ml, 10o, 16ml, 17u, 20/21m, 22u, 26o, 31u

Copyright © 2014 TESSLOFF VERLAG, Burgschmietstraße 2–4, 90419 Nürnberg

www.tessloff.com

Die Verbreitung dieses Buches oder von Teilen daraus durch Film, Funk oder Fernsehen, der Nachdruck, die fotomechanische Wiedergabe sowie die Einspeicherung in elektronische Systeme sind nur mit Genehmigung des Tessloff Verlages gestattet.

ISBN 978-3-7886-2062-2

MIX
Papier aus verantwortungsvollen Quellen
FSC® C095359

 **Der Mensch**

 **Energie**

 **Chemie**

 **Entdecker** und ihre Reisen

 **Die Sterne**

 **Das Wetter**

 **Das Mikroskop**

 **Der Mond**

 **Akustik**

 **Wissenschaften**

 **Insekten**

 **Bäume**

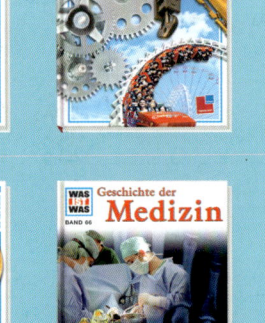 **Meereskunde**

 **Pilze**

 **Fische**

 **Indianer**

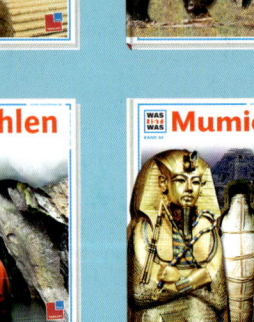 **Schmetterlinge**

 **Mechanik**

 **Elektronik**

 **Luft und Wasser**

 **Das Auto**

 **Fotografie**

 **Die alten Griechen**

 **Eiszeiten**

 **Geschichte der Medizin**

Natur erforschen und schützen

Fossilien

Heimtiere

Gladiatoren

Höhlen

Mumien

Ritter

Der Regenwald

Schatzsuche

Zauberer, Hexen und Magie

Tiere im Zoo

Europa

Bären

Bauernhof

Bionik

Päpste

Bergbau Schätze der Erde